Tabla de Contenidos

1. Introducción

Ahora es un muy buen momento para interesarse en Bitcoin e invertir en él. Ha estado yendo fuerte durante 10 años y su popularidad se ha disparado. Con el fin de obtener los mejores rendimientos de las inversiones en Bitcoin, debe comprender qué es realmente y cómofunciona.

También necesita saber la mejor manera de obtener Bitcoins y las mejores estrategias de inversión. Esta guía le mostrará todo esto y más. Muchas personas piensan que Bitcoin es una estafa, pero ciertamente no lo es. Sin embargo, ha habido algunas estafas en el mundo de la criptocurrency y usted descubrirá cómo evitar estos y mantenerse a salvo en esta guía.

Hemos trabajado duro para asegurarnos de que todo en esta guía se explique de las maneras más simples. Bitcoin y la tecnología blockchain subyacente son bastante complejos, pero ustedw mal ser capaz de entender fácilmente mediante la lectura de esta guía.

Bitcoin comenzó con un valor de cero y ha alcanzado máximos de $ 10,000. Es un producto valioso y una vez que tenga sus Bitcoins, debe mantenerlos seguros. Usted aprenderá exactamente cómo hacerlo.

Aunque Bitcoin es una mercancía volátil, debería ser posible que haga un buen retorno de su inversión si sigue los consejos de esta guía. Si bien no hay garantías con ninguna forma de inversión, el asesoramiento proporcionado aquí ha funcionado bien paralos o thers en el pasado.

2.   ¿Qué es Bitcoin?

Probablemente haya oído hablar de Bitcoin, pero es posible que no esté completamente seguro de lo que es. Eso está bien porque en el momento en que haya leído esta guía sabrá lo que es y cómo puede ganar dinero con ella.

Bitcoin es una criptomoneda que es otro término con el que debe estar familiarizado. La otra cosa importante que explicaremos es la tecnología detrás de Bitcoin y la mayoría de las otras criptomonedas que es blockchain.

Antes de entrar en los detalles de Bitcoin, es importante que entienda qué son las criptomonedas y cómo funcionan.

¿Qué   son las   criptomonedas?

En términos básicos, una criptomoneda es un medio para el intercambio en línea. Una criptomoneda tiene una serie de funciones criptográficas que sonther e para apoyar las transacciones financieras. La mayoría de las criptomonedas utilizan la plataforma tecnológica blockchain (más sobre esto un poco más adelante) ya que ofrece inmutabilidad, transparencia y descentralización.

Las criptomonedas no están controladas por ningún poder central, nipor lo menos. Esto es deliberado porque la idea de criptomoneda y Bitcoin es que proporcionan inmunidad contra la interferencia y el control del gobierno.

Una criptomoneda se puede transferir de una persona a otra mediante el uso de claves públicas y privadas. Taquí hay tarifas de procesamiento mínimas involucradas con transacciones de criptomonedas que son parte de su atractivo. Por lo general, las instituciones financieras tienen altos cargos por cualquier transacción monetaria.

Las criptomonedas se inventaron por accidente. El inventor de Bitcoin, Satoshi Nakamoto, creó un sistema de efectivo electrónico de igual a igual y Bitcoin fue un subproducto de este sistema. Antes de esto había habido numerosos intentos de crear un sistema de efectivo digital, pero todos habían fracasado.

La clave del éxito del sistema de Nakamoto fueque proporcionaba una red financiera descentralizada en lugar del sistema centralizado establecido. Si desea configurar su propio sistema de efectivo digital, deberá crear una red de pago que proporcione tres cosas clave:

1. Cuentas
2. Saldos
3. Transactiones

Un problema al que se enfrentan todas las redes de pago es el "doble gasto". Se trata de evitar que se gaste la misma cantidad dos veces. Hasta la creación del sistema de Nakamoto, esto siempre se había logrado utilizando registros de balance del servidor central (esto sigueexistiendo hoy en día).

Con una red de pago descentralizada no hay servidor central. En su lugar, cada entidad o nodo de red tiene que realizar su trabajo correctamente. Todos ellos necesitan tener una lista de transacciones para que puedan monitorear si las transacciones futuras son un "doble gasto" o válidas.

Todos los pares de una red de pago descentralizada tienen que estar de acuerdo en todo, tiene que haber un consenso completo. Si esto no sucede, entonces la transacción no se llevará a cabo. El problema era cómo lograr este consensus total sin un servidor central. Nakamoto se dio cuenta de esto.

Las propiedades de transacción de las criptomonedas

Para que un sistema de criptomonedas funcione de manera efectiva, tiene que haber una serie de propiedades en su lugar. Estos son:

inmutable

Después de que se confirma una transacción de criptomoneda, no se puede cambiar. Nadie en el mundo puede cambiar una criptomoneda transaction ni siquiera presidentes o monarcas. Es un registro inmutable.

Básicamente, si envías dinero a otra persona, eso es todo. No hay vuelta atrás. Así que si usted comete un error o ser estafado entonces usted está atascado con la situación. No tiene la oportunidad deinvertir la transacción.

Seudónimo

Las cuentas y transacciones de criptomonedas no tienen conexión con identidades del mundo real. Usted recibirá un Bitcoin en una dirección que es una cadena que parece al azar de unos 30 caracteres. Puede analizar el flujo dela transacción, pero normalmente no puede conectar la transacción a una persona real a través de la dirección.

Transaccionesglobales a velocidad

No se tarda mucho en propagar las transacciones y confirmarlas. Por lo general, todo esto tiene lugar en minutos. La red for transacciones criptomoneda es global por lo que no importa dónde se origina la transacción y termina.

Alta seguridad

Los niveles más altos de seguridad de las transacciones son esenciales para una red de criptomonedas y para ello todos los fondos están bloqueados en un sistema de criptografía de clave pública. Solo alguien que tiene una clave privada puede enviar criptomonedas. Esto hace que el sistema sea extremadamente seguro.

Sin permisos

Un sistema de criptomonedas es un sistema "sin permiso". No necesita el permiso de nadie ni de ninguna autoridad para realizar una transacción de criptomonedas. No hay un guardián con un sistema de criptomonedas.

Las propiedades monetarias de la criptomoneda

Ahora que conoce las propiedades de transacción de la criptomoneda, necesita comprender las propiedades monetarias. Estos son:

Hay un suministro controlado

La mayoría de las criptomonedas tienen un límite en el número de tokens suministrados. Tomando Bitcoin como ejemplo,habrá una disminución de la oferta con el tiempo y los expertos estiman que el número final de tokens de Bitcoin ocurrirá alrededor de 2140. Los expertos dicen que solo 21 millones de Bitcoins serán el límite.

Para controlar el suministro de tokens de criptomonedas, se escribe un cronograma en el código subyacente. Usando este código, puede calcular aproximadamente hoy el suministro monetario de una criptomoneda para cualquier fecha futura dada.

Con el dinero convencional o "fiduciario" suscrito por un gobierno, la cuenta bancaria que tiene se crea por deuda. Todas las entradas en su cuenta son deudas. Es realmente un sistema IOU. Una criptomoneda no es una deuda.

Ha habido mucha controversia sobre el lanzamiento de las criptomonedas porque son un ataque directo a la política monetaria delas naciones m ost. Los gobiernos o los bancos centrales no pueden cambiar las criptomonedas. Por lo tanto, son inmunes a la inflación y la deflación causada por la manipulación de la oferta monetaria.

¿Qué esBitcoin?

Bitcoin es una criptomoneda y un tipo virtual de dinero. Es realmente como tener una versión en línea de dinero o dinero en efectivo. Puede usar Bitcoin para comprar productos y servicios y cada vez más proveedores están aceptando Bitcoin como forma de pago en estos días. Algunos países se sienten muy amenazados por Bitcoin y lo han prohibidoporcompleto.

No hay tokens físicos de Bitcoin. Es posible que haya visto imágenes de Bitcoins, pero estas son invenciones. El valor de un Bitcoin reside en los códigos privados que han impreso dentro de ellos.

Cada Bitcoin es solo un archivo de computadora almacenadoen lo que se llama una billetera digital. Discutiremos las billeteras digitales con más detalle en un capítulo posterior. Si tiene una billetera digital, otras personas pueden enviarle Bitcoins o fracciones de ellos. También puede enviar Bitcoins o fracciones a otros usando subilletera de excavación ital.

Cada transacción de Bitcoin se registra como aliado público utilizando la tecnología blockchain. Esta es una red transparente donde cualquiera puede rastrear el historial de las transacciones de Bitcoin. Todos los registros en la cadena de bloques son inmutables, lo que significa que no puede copiar transacciones, cambiar la cantidad de Bitcoins que posee o usar Bitcoins que no posee.

Hay varias maneras en que puede comprar Bitcoins, incluyendo:

- Puede comprarlos utilizando su moneda nativa a través de un intercambio de criptomonedas
- Puede vender productosy servicios a cambio de Bitcoins
- Puede utilizar un cajero automático de Bitcoin
- Puedes "minar" Bitcoins

La práctica de la minería de Bitcoins ha estado sucediendo durante un tiempo. Con el fin de hacer esto que necesitará equipos informáticos de alta gama y un montón de ella. Estos equipos realizan algoritmos complejos para adivinar códigos secretos. Si sus computadoras adivinan bien, obtiene Bitcoins como recompensa.

No recomendaremos la minería como una forma de obtener Bitcoins en esta guía. Solo hay un número limitado de Bitcoins, por lo que el proceso de minería ahora es increíblemente complejo.

Podría pasar años minando para Bitcoin y gastar una gran cantidad de dinero en equipos informáticos y costos de electricidad sin ganar bitcoins.

Es posible que se pregunte por qué los Bitcoins son tan valiosos. Cuando Bitcoin comenzó, no tenía valor, pero en cinco años un solo Bitcoin valía alrededor de $ 1,000. En el momento de writing un Bitcoin vale alrededor de $8,000.

¿Por qué este salto? Bueno, hay una serie de otras cosas en la vida que tienen valor. Los diamantes y el oro son un buen ejemplo. Los bitcoins tienen valor porque las personas están dispuestas a intercambiarlos por productos y servicios reales y también comprarlos por dinero en efectivo.

A la gente le gusta la idea de que los gobiernos o los bancos centrales no controlan bitcoins. También les gusta el hecho de que las transacciones de Bitcoin son bastante anónimas. Sí, hay un registro de todas las transacciones de Bitcoin, pero muy pocas incluyen identidades reales world.

3.   La baja en bitcoin invertir

Lo primero que debe saber es que Bitcoin es volátil. El valor de un solo Bitcoin ha subido y bajado a lo largo de los años. Esto no es particularmente malo, ya que otras inversiones también subyes y bajan. Necesitas ser un inversor inteligente conBitcoin.

¿Porqué   Bitcoin   disfrutade los   saltos de   valor?

Muchas personas dependen de Internet en estos días. Las personas se sienten muy frustradas si están fuera de casa y no pueden encontrar una conexión Wi-Fi para usar Internet con sus dispositivos móviles. Si esto es algo bueno o malo no tiene ninguna importancia cuando se trata de invertir en Bitcoin. Lo importante es que el creciente uso de Internet es bueno para Bitcoin.

A lo largo de los años desde el lanzamiento de Bitcoin ha atraído a inversores de todos los rincones del mundo. Al ser una verdadera moneda digital global que está disponiblepara todos (en teoría) no es de extrañar que haya generado mucha emoción.

Otra buena razón por la que el valor de Bitcoin ha aumentado tan rápidamente es porque es un recurso escaso que es realmente útil. La mayoría de la gente sabe que sólo hay tanto oro que podemos extraer. Cada año queda cada vez menos oro en la Tierra. Por lo tanto, tiene un gran valor.

Puede aplicar la misma lógica a Bitcoin. Solo habrá 21 millones de Bitcoins. A medida que pase el tiempo, este número disminuirá y el valorse aumentará. Ahora es muy difícil minar Bitcoin y esto solo se va a volver más difícil.

A los inversores les gusta mucho el hecho de que Bitcoin representa una política monetaria predecible y sólida que todos pueden verificar. En cualquier momento puede ver cuántos Bitcoins están en circulación y cuántos nuevos se han creado.

Puede intercambiar fácilmente Bitcoin por algunos productos y servicios. Si usted tiene una inversión en oro, entonces esto no es un activo líquido. Usted tendría que vender parte de sus acciones de oro por dinero en efectivo antes de poder comprarnada.

Es muy fácil hacer transacciones transfronterizas usando Bitcoin. No hay gobiernos ni bancos involucrados. Puede enviar Bitcoin de forma segura en minutos a cualquier parte del mundo. Las tarifas de transacción son muy bajas en comparación con las transacciones de moneda fiduciaria.

Tenemosinternet para agradecer el aumento de la popularidad y el valor de Bitcoin. Internet ha hecho que el intercambio de información sea fácil dondequiera que estés y este concepto apuntalará el éxito de Bitcoin como moneda global y verificable.

El preciode Bitcoin

No encontrará un precio oficial para Bitcoin en ninguna parte. No es lo mismo que las monedas fiduciarias. Se trata de cuánto alguien está dispuesto a pagar por un Bitcoin o una fracción de un Bitcoin. Una buena referencia para este precio es el Bitcoin Price Index proporcionado por Coin Desk que puedes encontrar aquí.

Por lo general, verá el precio como la estimación del valor de un Bitcoin. La mayoría de los intercambios de criptomonedas le permitirán comprar tantos Bitcoins como desee e incluso ofrecer fracciones de Bitcoins para la venta.

¿Cuándo debe comprar Bitcoins?

No hay garantías con ninguna inversión. La historia de Bitcoin muestra que tiende a aumentar en valor muy rápido y luego ralentizarse y caer hasta que sea estable. Este es un ciclo que usted necesita aprender y entender.

Taquí hay algunas grandes herramientas disponibles que puede utilizar para analizar el historial de precios de Bitcoin. Probablemente los dos mejores son:

1. Cryptowatch
2. Sabiduría Bitcoin

Una cosa sobre Bitcoin que es realmente atractiva para los inversores es que nunca se ve afectada por la estabilidad financiera de un país. Entonces, si se especula que una moneda importante caerá, como la libra esterlina con todos los problemas del Brexit, entonces si la moneda se devalúa, esto tendrá un impacto en otras monedas mundiales.

Así que necesitas pensar globalmente con Bitcoin. No se limita a mirar lo que está sucediendo en los Estados Unidos, o Europa o China. ¿Cómo está cambiando la economía del mundo?

Ir para la inversión bitcoin a largo plazo

Es posible que haya leído que hay personas que hacen excelentes ganancias a corto plazo que comercian con Bitcoin. Si bien esto puede ser cierto, necesita conocimiento experto y es una estrategia arriesgada. Le recomendamos encarecidamente que vaya por una estrategia de inversión de Bitcoin a largo plazont.

He aquí por qué. Si invirtió $ 1000 en Bitcoin en octubre de 2017, dos años más tarde, en octubre de 2019, habría obtenido un beneficio de más de $ 700 que le proporcionaría un retorno de la inversión de más del 70%. Es un retorno asombroso.

A pesar de que este tipo de rendimientos son posibles, aún debe tratar a Bitcoin como un activo de riesgo para invertir. Si no está preparado para hacer inversiones de alto riesgo, entonces tal vez Bitcoin no sea para usted. Usted ha visto un ejemplo del tipo de recompensas que son posibles por lo que necesita decidir si es adecuado para usted.

Estrategias de inversión deBitcoin

Hay diferentes maneras en que puede invertir en Bitcoin. Veremos las formas más populares aquí:

Compra y tenencia a largo plazo

Esta es la estrategia de inversión de Bitcoin que somosecommend. Aquí comprará Bitcoin a un precio determinado y se aferrará a él durante un período de tiempo con la esperanza de que el valor aumente. También puede ver esta estrategia llamada "holding".

Cuando decida comprar y mantener, es muy importante que no tome el consejo de nadie sobre si Bitcoin subirá o bajará. Necesita saber cómo funciona Bitcoin y hacer su tarea utilizando las herramientas disponibles para tomar una decisión usted mismo.

Si va a adoptar una estrategia de inversión de comprar y mantener Bitcoin, le sugerimos que haga lo siguiente:

1. No invierta más de lo que cómodamente puede permitirse perder. Como dijimos anteriormente, Bitcoin es una inversión de alto riesgo y esto debería estar en sus pensamientos en todo momento.
2. Cuando haya comprado Bitcoins no los deje en una billetera de intercambio. Obtener su propio wallet y moverlos allí. Discutiremos los diferentes tipos de billetera de criptomonedas y sus ventajas y desventajas en un capítulo posterior.
3. Utilice un intercambio de buena reputación para hacer sus compras de Bitcoin. Esto puede costarle un poco más, pero es mejor ser safe que lo siento.

4. No compre todos sus Bitcoins en un solo comercio. Utilice el principio de promedio de costos
    en dólares (DCA) y comprométase a comprar una cierta cantidad cada mes (o con más
    frecuencia) a lo largo del año. Cuando haces esto, pagasprecios av erage durante el año.

Comercio de Bitcoina corto plazo

Como dijimos antes, aquí es donde compras Bitcoins a un precio bajo y luego los vendes a un precio
más alto para obtener un beneficio. El plazo para estas inversiones es corto. No recomendamos que
comience con el comercio de Bitcoin a corto plazo.

A medida que aprende más sobre Bitcoin, puede pasar a una estrategia comercial a corto plazo.
Ciertamente es posible y hay algunos jugadores muy grandes en el mercado de Bitcoin que obtienen
ganancias regularmente en operaciones bi tcoin a cortoplazo. Usted necesita aprender a operar
correctamente para hacer que este trabajo que lleva tiempo y la práctica.

Minería para Bitcoins

Con el fin de obtener cualquier tipo de beneficio con la minería bitcoin que necesita para invertir en
una gran cantidad de equipos informáticos de alta gama y obtener la electricidad cheapest que se
puede encontrar. ¡Y luego no hay garantías!

La minería se ha vuelto mucho más difícil a lo largo de los años. Cada vez hay menos Bitcoins que
encontrar y cada vez más personas minando. Simplemente no es una forma rentable de invertir en
Bitcoin en suopinión. Use el dinero que gastaría en equipos y electricidad para comprar y mantener
Bitcoin en su lugar.

Es posible que haya oído hablar de la minería en la nube para Bitcoin. La idea aquí es que usted paga
por un servicio que minará en su nombre utilizando la web. En nuestraexperiencia, estas son estafas o
una inversión tan cara que también podría usar el dinero para comprar sus Bitcoins.

Duplicando tus Bitcoins

¿Ha visto sitios web que afirman que pueden duplicar sus tenencias de Bitcoin? O tal vez usted ha
venido across sitios que afirman que le pagarán altos niveles de interés todos los días en sus Bitcoins?
Tenemos una palabra para este tipo de sitios web:

¡estafa!

Hay un montón de sitios web que ofrecen programas de inversión de alto rendimiento (HYIP) y casi
todos estos son estafas también. Lo que sucede aquí es que estos sitios toman dinero de personas de
todo el Internet a cambio de altos rendimientos. Utilizan el dinero que lay obtener de nuevas
personas que se inscriben para pagar altos rendimientos a los inversores iniciales que crea un
zumbido.

Entonces, ¿adivinen qué? Unos meses más tarde, el sitio web simplemente desaparece! La mayoría de las personas pierden su dinero y no tienen manera de recuperarlo. No caigas en estas estafas de tipo esquema Ponzi. No puede duplicar la cantidad de Bitcoins que tiene utilizando estos sitios. Es más probable que pierdas todos tus Bitcoins.

4.   Cómo funciona realmente Bitcoin

Para ser rentable con Bitcoin hay que saber cómo funciona realmente. Así que en este capítulo vamos a explicar todo lo que está involucrado, incluyendo la tecnología subyacente que es blockchain. No vamos a entrar en muchos detalles técnicos sobre blockchain, así que no te preocupes. Pero es necesario entender los principios de it.

Te conectas a la comunidad Blockchain usando una red de computadoras. Esta red tiene libros de contabilidad de Bitcoin utilizando blockchain. Todas las transacciones de Bitcoin se compilan en bloques y luego estos bloques se conectan en una cadena como la formación. Aquí es donde proviene el nombrede cadena de bloques.

El   proceso de   Bitcoin

Si desea realizar una transacción de Bitcoin, usará su billetera para enviar una solicitud a todos los nodos (computadoras) en toda la red de Bitcoin. Los nodos utilizan algoritmos especiales (un conjunto de reglas y cálculos) que validan la acción trans deBitcoin.

Su transacción de Bitcoin tiene que ser verificada y confirmada y después de esto se combina con algunas otras transacciones para hacer un nuevo bloque de datos y, finalmente, una cadena de bloques. Todos los bloques nuevos se agregan al final de la cadena de bloques. En esta fase, latra nsaction es final e inmutable.

Por lo general, toma entre 10 minutos y 45 minutos procesar una transacción de Bitcoin. Una transacción de Bitcoin nunca ocurre inmediatamente. No puede haber cambios en la transacción una vez finalizada. El receptor de su transacción Bitcoin luego ve esto en su billetera.

Los mineros deBitcoin son esenciales

Hemos mencionado a los mineros de Bitcoin un par de veces en esta guía y en realidad estas personas son muy importantes. ¿por qué? Bueno, son los guardianes de los libros de contabilidad de Bitcoin. Si piensas en un minero de oro que trabaja incansablemente para encontrar oro, los mineros de Bitcoin están haciendo lo mismo tratando de encontrar bitcoins escasos.

Los mineros de Bitcoin verifican y confirman todas las transacciones de Bitcoin. Realmente son el alma del sistema Bitcoin. Sin ellos todo esto no funcionaría. No se crearían nuevos bloques para el bloquekchain. Esta es la razón por la que son recompensados ocasionalmente con valiosos Bitcoins.

Si los bloques no se agregan a la cadena de bloques, no se finalizarán las transacciones de Bitcoin. Esto significa que no solo los pagos de Bitcoin no se enviarán y recibirán, sino que no se crearán nuevos Bitcoins.

Los mineros de Bitcoin saben que solo hay una cantidad limitada de Bitcoins disponibles y a medida que pase el tiempo, todos competirán por un número cada vez menor. Simplemente dejan sus computadoras mineras de Bitcoin funcionando las 24 horas del día para seguir verificando y confirmando transacciones y tratando de ganar esos escurridizos Bitcoins.

No se requiere confianza

El diseño de Bitcoin y la tecnología blockchain subyacente es tal que no se requiere confianza. Utiliza técnicas de cifrado pesadas para mantener todo seguro, de ahí el nombre de "criptomoneda".

No hay necesidad de confianza humana en la red Bitcoin porque opera en algoritmos informáticos probados y probados. Es prácticamente imposible engañar a la red Bitcoin porque es un entorno público. Would tomar un un tonelada de poder de computación para romper todo el cifrado, incluso si eso fuera posible. Por lo tanto, tiene más sentido usar este tipo de poder para extraer la red Bitcoin en su lugar.

Su identidad está protegida en la red Bitcoin. Todas sus ransactions t Bitcoinse verifican utilizando una clave privada y pública. Usted utiliza su clave privada como su "firma digital" en sus transacciones de Bitcoin y los usuarios de la red pueden verificar esto utilizando su clave pública. Ambas claves están cifradas, por lo que solo puede utilizar la clave pública si se utiliza la clave privada correcta.

Las claves públicas y privadas son muy importantes para que las entiendas como inversor en criptomonedas. Una clave pública está vinculada a una dirección pública donde puede depositar criptomonedas. Puede usar su dirección pública para transmitir para que pueda recibir pagos de otros compañeros.

Su clave privada no es para compartir con nadie, ya que es esencialmente la contraseña para proteger sus fondos. Esta clave privada se vincula a la clave pública para mayor seguridad. Su clave privada is cómo se determina su saldo a través de la red Bitcoin.

El sistema de claves públicas y privadas tiene dos ventajas principales:

1. Es prácticamente imposible para los ciberdelincuentes robar su identidad y hacer transacciones fraudulentas
2. Puede ser completamente anónimo en la red Bitcoin si eso es útil para usted

Así que ahora ya sabes cómo funciona realmente Bitcoin. En el siguiente capítulo veremos las diversas formas en que
puedes adquirir Bitcoins...

5. Cómo puede adquirir Bitcoins

Con la creciente popularidad de Bitcoin vinieron una serie de métodos diferentes para adquirirlos. En este capítulo explicaremos algunos de los métodos más comunes para adquirir Bitcoins para reforzar sus inversiones.

Comprar Bitcoins

Esta es obviamente la forma más simple y directa de adquirir Bitcoins. Todo lo que necesita hacer es usar un sitio web de intercambio como Coinbase.com y en la mayoría de los casos podrá comprar Bitcoins usando su moneda nativa.

Algunos exchan ges criptomonedatienen restricciones de país por lo que necesita hacer su tarea aquí para asegurarse de que puede comprar en su país. Hay algunos países que realmente han prohibido la compra y venta de Bitcoin, por lo que si esto se aplica a usted, entonces tendrá que encontrar una forma creativa de evitar esto, que está más allá del alcance de esta guía.

A veces, un solo Bitcoin puede valer alrededor de $ 10,000, por lo que para hacer que la inversión de Bitcoin esté disponible para la mayoría de los intercambios, se venderán fracciones. De hecho, un Bitcoin se puede dividir en 100 millones de units. Cada una de estas unidades se llama "Satoshi" en honor al fundador de Bitcoin.

Le daremos nuestra opinión sobre el uso de intercambios de criptomonedas en el siguiente capítulo cuando le expliquemos lo que necesita para comenzar con la inversión en Bitcoin. Por ahora aquí está nuestra vista de los mejores intercambios de criptomonedas para Bitcoin:

Base de monedas

Coinbase es probablemente el intercambio de criptomonedas más conocido. Si ha utilizado una plataforma de negociación de acciones antes, la interfaz de Coinbase tendrá sentido para usted. Puede depositar fondos en su cuenta de Coinbase utilizando transferencias bancarias desde los EE. UU. o con tarjetas de crédito. Básicamente, puede intercambiar dólares estadounidenses o criptomonedas que tiene por Bitcoin.

Cada operación que realice con Coinbase atraerá una pequeña tarifa que en el momento de escribir esta guía era del 1.5% para las compras de Bitcoin y del 0.25% para las transferencias. El mayor issue con Coinbase entre la comunidad criptomoneda es que usted tiene que proporcionar una gran cantidad de información personal.

A veces Coinbase cerrará cuentas por una variedad de razones. Hay personas que creen que el sitio web tiene un vínculo con algunos de los principales bancosun nd no lo utilizará debido a esto. Coinbase hace todo por el libro en la medida de lo posible. Esto significa que hay muchas menos posibilidades de cierre del sitio que con otros intercambios de criptomonedas.

Kraken

En 2011 Kraken se formó para la compra y venta de criptomonedas. Usted puede por y vender Bitcoin en Kraken, así como otras criptomonedas populares. Una buena característica de Kraken es que tiene una serie de emparejamientos de divisas como USD con Bitcoin, y es compatible con muchas más monedas fiduciarias que Coinbase. Las tarifas también son más bajas.

Kraken tiene una muy buena reputación en la comunidad de criptomonedas. Si usted está interesado en el comercio de Bitcoin hay una serie de buenas características, tales como el comercio de margen. La mayor crítica a Kraken es que la plataforma can ser contraintuitivo y confuso a veces.

Como recién llegado a la inversión en Bitcoin, no recomendamos que use Kraken primero. Una vez que tenga algo de experiencia en su haber, entonces es una gran plataforma para migrar.

Poloniex

Poloniex es un intercambio cryptocurrency con sede en los Estados Unidos que tiene un alto volumen de operaciones. El mayor problema con Poloniex es que no acepta moneda fiduciaria. Una vez que tenga algo de Bitcoin, puede usar este intercambio para operaciones, ya que hay un margen de negociación para más de 90 pares.

Poloniex tiene tarifas muy bajas típicamente por debajo del 0.25%. Desafortunadamente, tiene una muy mala reputación para la atención al cliente y no es tan fácil retirar fondos del intercambio. También pueden cerrar su cuenta por cualquier razón que no sea buena.

Esta es una plataforma de comercio de divisas no fiduciarias. Bittrex mantiene la mayoría de sus fondos fuera de línea de una manera similar a Coinbase por lo que es más seguro. El servicio al cliente proporcionado por Bittrex es muy bueno, pero no es tan amigable para principiantes como algunos de los otros exchanges.

Muchos principiantes comienzan con Coinbase, pero tendrá que proporcionar muchos detalles personales con este intercambio. Si esto no te molesta, entonces es una buena opción. Hay muchos intercambios de criptomonedas disponibles. Te recomendamos que hagas tus deberes para ver cuál apoya a tu país y te conviene más.

Los intercambios de efectivo son una alternativa a los intercambios de criptomonedas. Aquí puede pagar en efectivo por sus Bitcoins y operará directamente con el propietario de los Bitcoins. Un buen examenple es LocalBitcoins donde se puede comerciar en más de 7,700 ciudades y 248 países. Puede comprar y vender Bitcoins utilizando este intercambio de efectivo.

Otra alternativa de intercambio de efectivo para la compra y venta de Bitcoins es Wall of Coins. La mayoría de los intercambios de efectivo no tienen tarifas caras, pero a veces tiene que pagar tarifas para operar con éxito. Le recomendamos que utilice un cambio de efectivo que proporcione un servicio de depósito en garantía para proteger sus fondos.

Si usted tiene otros cryptocurrencies entonces usted puede cambiar estos para Bitcoins bastante fácilmente. Uno de los lugares más fáciles para hacer esto es en ShapeShift.io. Una cuenta no es necesaria para hacer una pequeña operación.

Todo lo que necesita hacer para intercambiar sus otras criptomonedas por Bitcoin es ingresar a unmontaje para el comercio o la conversión, agregar su dirección de Bitcoin y la dirección de reembolso de su criptomoneda. Solo toma unos minutos cambiar por Bitcoins.

Es fácil ser pagado en Bitcoins. Todo lo que necesita es su propio muroet para Bitcoin y puede recibir pagos. Puede obtener una billetera Bitcoin gratis en Coinbase o en Blockchain.com. Solo se necesita una dirección de correo electrónico para obtener su billetera.

Una vez que su billetera esté configurada, puede recibir pagos en Bitcoin. Puede generar un código QR y luego enviarlo a la persona de la que recibirá el pago de Bitcoin. Hay varias maneras en que se le puede pagar en Bitcoins y aquí están algunos de los métodos más populares:

Llevar a cabo el trabajo para Bitcoins

Encontrará una serie de diferentes tipos de trabajo que puede realizar a cambio de Bitcoins. Muchos de estos son en línea y populares entre los freelancers de todo el mundo. Cuando se le paga con Bitcoin, no tiene que esperar a una transferencia bancaria que puede tardar días en llegar a su cuenta. Puede tener sus Bitcoins en minutos.

A los empleadores o clientes también les gusta pagar en Bitcoins, ya que no tienen que pagar altas tarifas de transacción asociadas con las transferencias bancarias, especialmente si sus trabajadores viven en otro país.

Puede vender productos y servicios

Ya sea que tenga una tienda física convencional o una tienda en línea, puede recibir pagos de clientes en Bitcoin. Con el crecimiento de Bitcoin, seguramente habrá clientes que tengan Bitcoin y lo vean como una visión de futuro y convenientepara hacer pagos.

Es más fácil para los clientes, así como pueden hacer el pago desde su billetera Bitcoin. Por supuesto, también recibirá el pago en Bitcoin bastante rápido. Este es un ganar-ganar para usted y sus clientes.

Si tiene una tienda en línea, hay una serie de scripts o complementos que puede usar para aceptar pagos a través de Bitcoin. Debe asegurarse de configurar todo correctamente porque no desea que sus pagos terminen en la billetera de otra persona.

Para un negocio de ladrillo y mortero, puede comenzar a aceptar pagos a través de Bitcoin simplemente imprimiendo el código QR de su billetera Bitcoin para que los clientes lo usen. Un cliente puede usar su teléfono inteligente para escanear el código QR y luego realizar el pago.

Asegúrese de decirle a todos sus personalizadosque acepta Bitcoin como medio de pago. Agregue sus datos a Coinmap.org que permitirá a los usuarios de Bitcoin saber que lo toma como una forma de pago. Hay sitios web similares que puede publicar en también.

¿Por qué no usar Bitcoin como una forma de recibir propinas? Esto es fácil de hacer en línea mediante la configuración de una pasarela de pago Bitcoin. Si tiene un registro by proporciona contenido útil, por ejemplo, algunos de sus lectores estarán encantados de enviarle una propina usando Bitcoin.

Sitios web que pagan en Bitcoin

Hay muchos sitios web disponibles que le pagarán en Bitcoins (generalmente pequeñas fracciones) para completar lastareas certai n. Algunas de estas tareas incluyen:

- Realización de encuestas
- Descarga de aplicaciones móviles
- Ver videos
- Jugar juegos en línea

- Haga clic en los anuncios
- Regístrese para obtener ofertas de prueba
- Comprar en línea
- Responder preguntas
- Recomendar amigos

Algunos de los sitios web solo necesitan la dirección de su billetera Bitcoin. Otros requerirán que crees una cuenta con ellos. Puede realizar la mayoría de estas tareas en minutos y ganar fracciones de Bitcoins. Si usted valora su tiempo, entonces usted puede no estar interesado en hacer esto.

Grifos Bitcoin

La mayoría de la gente have no oído hablar de grifos Bitcoin. Lo que hacen es regalar fracciones de Bitcoins gratis en momentos específicos. Esto impulsa una tonelada de tráfico, ya que muchas personas quieren estas fracciones gratuitas de Bitcoin y, a veces, estos grifos tardan mucho tiempo en cargarse.

Hay algunos grifos de Bitcoin que simplemente regalan Satoshis. Otros grifos requieren que completes algunas pequeñas tareas para ganar tu Satoshis. Antes de que te emociones demasiado con los grifos de Bitcoin, debes saber que pueden robar una gran parte de tu tiempo para fracciones of Bitcoins.

Minería bitcoin

Hemos mencionado lo importantes que son los mineros de Bitcoin para la red Bitcoin. Si los mineros no existieran, entonces no habría transacciones o nuevos Bitcoins creados. Los mineros de Bitcoin pueden encontrar Bitcoins, que es su recompensa por sus esfuerzos.

Cuando Bitcoin lau nched por primera vezera bastante común para los mineros de Bitcoin para recibir 50 Bitcoins cuando se extraía un solo bloque. Pero a medida que se extraía cada bloque, el número de Bitcoins disponibles para recompensas disminuyó.

Ahora obtendrá muchos menos Bitcoins para la minería. Sin embargo, con el aumento de los precios, algunas personas todavía ven esto como una tarea que vale la pena. Pero la minería de Bitcoin no es algo fácil de hacer. Necesita algunas computadoras poderosas para ser un minero exitoso de Bitcoin.

Ahora es mucho más difícil extraer nuevos bloques y resolver las complejas funciones de cryptographic es realmente difícil. También hay mucha competencia en la minería de Bitcoin ahora, lo que hace que la tarea sea aún más difícil.

En estos días, la mayoría de los mineros de Blockchain trabajan juntos en piscinas, y dividen cualquier recompensa que reciban por sus esfuerzosbasada en la cantidad de trabajo que sus computadoras han hecho. No es barato participar en la minería de Bitcoin en estos días. Necesita computadoras potentes para resolver las funciones criptográficas.

Olvídate de usar un escritorio de gama alta para realizar la minería de Bitcoin. Usted will tener que invertir en algún hardware serio, incluso para unirse a un grupo de minería Bitcoin. Se recomienda que utilice un chip ASIC para tener éxito con la minería de Bitcoin. Estos chips y computadoras de gama alta también consumen mucha energía.

La otra cosa que need es el conocimiento. Para configurar un sistema de minería de Bitcoin, tendrá que pagar a expertos para hacer esto. No estamos diciendo que no sea posible tener éxito con la minería de Bitcoin a largo plazo, pero tendrá que hacer una inversión significativa para comenzar.

Aunque la tecnología blockchain que sustenta Bitcoin es muy segura, uno de los mayores puntos débiles con Bitcoin es el almacenamiento. Debido a que los Bitcoins han aumentado significativamente en valor a lo largo de los años, no se sorprenderá al saber que el número deciberacarios que intentan robar Bitcoins también ha aumentado.

Y estas personas son cada vez más inteligentes. Están creando bots que escanearán las billeteras bitcoin en línea y tratarán de eliminar los Bitcoins en ellos. Ha habido varios informes sobre los delincuentes cibernéticos vaciando carteras de intercambio de criptomonedas a lo largo de los años y los titulares de billeteras nunca vuelven a ver sus Bitcoins.

Queremos que esto le sorprenda y se preocupe. Si va a ser un inversor exitoso de Bitcoin, ¡entonces necesita aferrarse a sus Bitcoins! Es esencial que mantengas tus Bitcoins safe y afortunadamente hay mucho que puedes hacer para asegurarte de esto. El tipo de billetera Bitcoin que elija es crucial para la seguridad de sus Bitcoins.

Se trata de mantener su clave privada segura. Dentro de su billetera, sus Bitcoins tienen un ress agregado asociadoque consiste en su clave privada y clave pública. La clave pública es la dirección real del Bitcoin y su clave privada es la contraseña que desbloquea esos Bitcoins. Es esencial que mantenga su clave privada segura.

Si un ciberdelincuente tiene en sus manos su clave privada, entonces pueden transferir todos sus Bitcoins a otras cuentas. Y sabes que una vez que se verifica y confirma una transacción de Bitcoin, entonces no hay vuelta atrás.

Las personas que tienen la mala suerte de que les roben Bitcoins de sus billeteras solo tienen que aceptarlo y seguir adelante con sus vidas. Simplemente no puedes hacer nada para recuperar tus Bitcoins. Así que echemos un vistazo a los diferentes tipos de billeteras y cómo puede proporcionar la máxima protección para su clave privada.

Monederos demonedasbit enlínea

No hay una manera más fácil de comenzar con la inversión en Bitcoin que configurar una billetera en línea. Puede configurar una billetera en línea bitcoin gratis, incluso si no tiene Bitcoins en este momento. Los intercambios de criptomonedas como Coinbase le proporcionarán una billetera en línea y también puede obtener una en Blockchain.com.

Cuando usted está empezando a continuación, una billetera en línea es una buena cosa para usar. Pero no querrá mantener un inventario de Bitcoin considerable en una billetera en línea. Sí, es genial que pueda acceder a su billetera en línea desde cualquier parte del mundo, ¡pero también lo pueden hacer los ladrones y los delincuentes cibernéticos!

Una billetera en línea es una billetera "caliente" porque todo lo que necesita para acceder a ella es una conexión a Internet. El problema es que la mayoría de las billeteras en línea terminan almacenando sus claves privadas en sus servidores y si estas son hackeadas, puede decir adiós a sus Bitcoins.

El otro problema es que los servidores pueden y tienen problemas técnicos y si sufren un problema catastrófico, sus claves privadas podrían desaparecer para siempre. Algunos monederos en línea platforms limitarán o suspenderán las cuentas por infracciones de los términos de servicio e incluso puede tener su cuenta cerrada permanentemente y perder sus claves privadas.

Le recomendamos encarecidamente que si tiene una cantidad significativa de Bitcoins, los mueva a una billetera fría que esté fuera de línea. No se arriesgue a no tener el control de sus Bitcoins.

Las billeteras en línea no son todas malas. Sí, hay seguridad y otros riesgos, pero si tiene la intención de realizar transacciones frecuentes de Bitcoin, entonces son útiles. Puede mantener una pequeña cantidad de Bitcoins en su billetera en línea para esas transacciones regulares y luego mover el resto a una billetera más segura.

Billeteras móviles de Bitcoin

Una billetera móvil es otra forma de billetera en línea caliente. Con una billetera móvil podrás acceder a ella entu dispositivo móvil cuando te conectes a Internet. Si tiene un teléfono inteligente o tableta que lleva con usted dondequiera que vaya, este es un tipo muy conveniente de billetera Bitcoin.

Con una billetera móvil puede realizar pagos de Bitcoin a un proveedor, ya sea en línea o fuera de línea. Si tiene una billetera en línea Blockchain.com o Coinbase, entonces hay una contraparte móvil sincronizada con su billetera principal.

A pesar de ser muy conveniente hay problemas con las billeteras móviles. Los ciberdelincuentes y los piratas informáticos puedenhacerse con sus claves privadas si se guardan en su dispositivo móvil o servidores remotos.

Mucha gente pierde sus teléfonos móviles o los roban. También una gran cantidad de teléfonos móviles sufren daños. Si usted no hace copias de sus claves privadas, entonces usted could potencialmente perder todos sus Bitcoins en estos escenarios.

Para obtener el mejor uso de una billetera móvil, le recomendamos que transfiera justo lo que necesita desde una billetera más segura. Luego, si pierde su teléfono o se vuelve inutilizable, aún tendrá sus claves privadas almacenadas de forma segura en la billetera segura.

Escritoriosuperior Ordenador Bitcoin Wallet

Otra opción para usted es la billetera de escritorio. Es una opción mucho más segura que una billetera en línea o móvil, ya que descarga una aplicación para su computadora o computadora portátil y almacena sus claves privadas en ella.

Una de lascarteras deskt op más populares es Bitcoin Core. En nuestra opinión, esta no es la opción más práctica. La razón es que Bitcoin Core realmente descargará la cadena de bloques completa, por lo que necesitará al menos 150 GB de espacio libre en disco para que esto funcione.

La buena noticia es que hay billeteras de escritorio alternativas que puede usar que no requieren que descargue la cadena de bloques para Bitcoin. En su lugar, utilizan la tecnología de verificación de pago simple (SPV). Algunos buenos ejemplos son:

- electro
- armería
- Bither

Las carteras de escritorio son fácilesde usar y mucho más seguras que las billeteras en línea o móviles. Con una billetera de escritorio puede desconectar su computadora de Internet para evitar que los hackers accedan a sus claves privadas.

Si bien es cierto que una billetera de escritorio no tiene la comodidad de una billetera en línea, tendrá control sobre sus claves privadas. También puede hacer una copia de seguridad en caso de que su computadora portátil o computadora sea robada o se vuelva inoperable.

Billetera bitcoinde papel

Esto puede parecer una cosa extraña para tratar de almacenar sus Bitcoins en papel, ya que no parecen ser una muy buena combinación. Pero las carteras de papel son otra opción de almacenamiento en frío, ya que es imposible incluso para los delincuentes cibernéticos más competentes para hackear un pedazo de papel!

Por supuesto, si usted no se encarga de una billetera de papel en el mundo real then personas pueden robarlo. Así que si eliges esta opción, entonces no la dejes tirada. También debe proteger las carteras de papel de los daños, así que use un recipiente resistente al agua para almacenarlas.

Una billetera de papel definitivamente no tiene la comodidad de una billetera en línea, pero son mucho más seguras. Todo lo que necesita hacer es imprimir sus claves privadas y públicas y almacenar el papel en algún lugar seguro, como una caja de seguridad.

Las carteras de papel son una buena opción a largo plazo. Puede almacenar una gran cantidad de Bitcoins en su billetera de papel y luego tener algunos disponibles en una billetera en línea para transacciones regulares. Definitivamente es uno a considerar.

Monedero bitcoin dehardware

La mayoría de los expertos en Bitcoin le dirán que los tipos más seguros de billeteras Bitcoin son las billeteras de hardware. Estamos de acuerdo y si usted es serio acerca de la inversión bitcoin entonces le recomendamos que invierta en una billetera de hardware. No son baratos, pero valen la pena.

La mayoría de las billeteras de hardware le permitirán almacenar otras criptomonedas, así como Bitcoin. Una billetera de hardware generalmente tiene la forma de una memoria USB que solo inserta en su computadora cuando desea realizar una transacción de Bitcoin. Ence que han terminado sólo tiene que quitar la cartera de hardware y luego almacenarlo de forma segura.

Una característica de seguridad realmente buena con las billeteras de hardware es la capacidad de crear claves privadas sin conexión. Usted puede llevar su billetera de hardware con usted donde quiera que vaya sin el worry de tener sus claves privadas robadas.

Es muy fácil de configurar y usar una billetera de hardware. Con la mayoría de las billeteras de hardware, puede establecer una contraseña y un código PIN e incluso agregar palabras semilla de recuperación para autenticar el acceso y recuperar cualquier Bitcoin almacenado si pierde su billetera de hardware o deja de funcionar.

Le recomendamos que anote todos sus detalles de seguridad para su billetera de hardware en caso de que los olvide. Oculta estos detalles en un lugar que solo tú conozcas. Si estos detalles caen en las manos de wrong, entonces puede perder todos sus Bitcoins.

No hay posibilidad de que una billetera de hardware sea hackeada, por lo que lo único que tiene que hacer es mantener una copia de seguridad de sus datos de seguridad en un lugar seguro.

Al final del día, probablemente querrá usar unaco-mbinación de diferentes billeteras a medida que se convierte en un inversor de Bitcoin más serio. Las carteras de hardware y papel son la mejor opción para el almacenamiento a largo plazo. Puede usar una billetera de escritorio para el almacenamiento a medio plazo y una billetera en línea para esas frecuentestransacciones bitc oin a cortoplazo.

7. **Preparándose para el comercio de Bitcoin**

Esperamos haberte convencido en esta guía de que invertir en Bitcoin puede hacerte ganar mucho dinero. Es posible que haya escuchado cómo otros han comprado Bitcoins en el pasado y terminaron vendiéndolos para obtener un gran beneficio. Es posible y no hay ninguna razón por la queyo no puedas hacer esto también.

Sin duda hay comerciantes experimentados de Bitcoin por ahí que hacen una gran cantidad de dinero de sus operaciones. Pueden no tener éxito con cada comercio, pero en general obtienen ganancias consistentes. La cosa es que el comercio de Bitcoins con éxitoly no es una cosa fácil de hacer. Realmente hay que estar preparados.

No es imposible que alguien que está empezando con Bitcoin tenga éxito. Pero tienes que estar financiera y mentalmente listo para esto. El comercio de Bitcoin tiene que ver con el alto riesgo y la altare ward. La clave del éxito es comprar a precios bajos y luego vender a precios más altos. Si bien esto es obvio, no es tan fácil de hacer.

Muchos de los recién llegados al comercio de Bitcoin terminan entrando en pánico cuando están haciendo operaciones. Después de todo, están lidiando con lac urrencia digital que vale miles de dólares. ¡Los niveles de pánico aumentarán aún más si está utilizando sus ahorros para operar o su fondo de pensiones!

Estrategias para elcomercio de Bitcoin

Si usted está realmente interesado en el comercio de Bitcoin, entonces lo primero que necesita para darse cuenta es que usted necesita utilizar el sentido común y mantener el autocontrol. No entres en ello pensando que vas a ganar un ton de dinero en un día. Si te vuelves demasiado codicioso, entonces es muy probable que fracases.

Aprende y obtén tanta práctica como puedas

You necesidad de aprender todo lo que puedas sobre el comercio de Bitcoin antes de empezar a hacerlo de verdad.
El conocimiento es genial, pero no hay nada como experimentar cómo funciona el comercio de Bitcoin en el mundo real.

Para darse un buen comienzo con bitcoin trading sign up con un intercambio de criptomonedas que le permitirá utilizar una cuenta demo para experimentar cómo funcionan las cosas en el mundo real. Verá precios en tiempo real para Bitcoin y le ayudará a acostumbrarse a la interfaz de comercio de Bitcoin.

Necesitas un Plan Trading

El comercio exitoso de Bitcoin se basa en tener una buena estrategia en su lugar. Seguro que usted puede tener suerte con sus primeros oficios, pero tarde o temprano su suerte se agotará y esto puede ser muy caro.

Uno de los mayores errores que cometen los recién llegados al comercio de Bitcoin es que siguen las noticias, ven que muchas otras personas están haciendo operaciones de Bitcoin y esto los obliga a hacer lo mismo. A los operadores experimentados les gusta esto porque forzará el precio de Bitcoin y pueden beneficiarse de lascompras anteriores.

No sigas las tendencias a ciegas. Cree un plan que defina el precio por el que debe comprar Bitcoins y el precio al que debe venderlos para obtener el beneficio que desea. Si te apegues a un plan como este, entonces reducirássignificativamente el riesgo de entrar en pánico si de repente ves que los precios caen.

Practique con pequeñas cantidades

Cuando usted está comenzando con el comercio de Bitcoin sólo invertir pequeñas cantidades con las operaciones. Todo esto es parte de su curva de aprendizaje y entrenamiento temprano. No importa lo buena que parezca una oportunidad resistir la tentación de ir "all in".

Utilice su cuenta demo para perform una gran cantidad de operaciones antes de empezar a gastar dinero real. Si limpia su cuenta demo, entonces esto no es un gran problema, pero perder todo su dinero real es completamente devastador.

La idea de perder dinero puede ser realmente unlarming para usted. Te hemos dicho muchas veces en esta guía que Bitcoin es volátil y en un día el precio puede bajar en una cantidad significativa. Lo bueno es que el precio puede subir significativamente en muy poco tiempo también.

Debe mantener sus emociones bajo control si desea tener éxito con el comercio de Bitcoin. Pensar lógicamente siempre será la mejor estrategia. Nunca dejes que tus emociones determinen qué operaciones de Bitcoin debes o no debes hacer.

Es comprensible que usted estará entusiasmado con las oportunidades que ofrece el comercio de Bitcoin. Pero le recomendamos encarecidamente que tome esto un paso a la vez y aprender todo lo que pueda sobre el comercio.

Utilice algunas cuentas demo para practicar con antes de empezar a invertir dinero real. Cuanto más acostumbrado esté con el entorno comercial, mejor. Si comete errores con su cuenta demo, averiguar lo que salió mal y evitar cometer el mismo error en el futuro.

8.   Estrategias de inversión de Bitcoin de la vida real

En un capítulo anterior, le proporcionamos un punto bajo en la inversión en Bitcoin. En este capítulo veremos algunas de las estrategias de inversión de Bitcoin de la vida real que están funcionando bien para algunos inversores expertos.

Muchas personas se están subiendo al carro de la inversión de Bitcoinhoy en día debido a las subidas de precios, pero la mayoría de estas personas fracasan porque están mal preparadas. No tienen la ventaja de leer una guía como esta para ayudarles como tú.

A lo largo de esta guía no hemos ocultado el hecho deque th en Bitcoin es una moneda digital volátil y sube y baja de valor de forma regular. Es por eso que le recomendamos que adopte un enfoque a largo plazo para su inversión en Bitcoin para que si el precio cae le dé tiempo a recuperarse.

Así que aquívamos a echar un vistazo más en profundidad a algunos de los métodos de la "vida real" que los inversores exitosos de Bitcoin utilizan para obtener un beneficio.

El método depromediación   de costosen dólares

Lo mencionamos brevemente en el capítulo 2. Este es realmente el mejor método de inversión de Bitcoin para beginners porque elimina la necesidad de entrar en el mercado de Bitcoin cuando el momento es el adecuado. Muchos inversores novatos en Bitcoin pasan mucho tiempo y realmente se estresan esperando a que el precio de Bitcoin caiga al nivel correcto.

Cuando utiliza el costo del dólar, unmétodo de cálculo para su inversión en Bitcoin, distribuirá su riesgo durante un período de tiempo. Todo lo que necesita hacer es hacer compras a intervalos regulares y luego mantenerlas en su billetera segura.

Aquí hay un ejemplo de cómo funciona esto. Digamos que cada semana puede ahorrar $ 100 para invertir en Bitcoin. Así que harás una compra cada semana por $100 y algunas semanas recibirás más Bitcoins por tu dinero y otros obtendrás menos.

No hay necesidad de que estudie los gráficos de precios de Bitcoin durante horas. Todo lo que necesita hacer es tener la disciplina para hacer esas compras de $ 100 cada semana. Usted no tiene que esperar alrededor de las caídas de precio correcto sólo hacer su compra de todos modos.

Cuando se utiliza el método de promediación de dólares se encontrará con que sus ganancias promedian cuando usted decide para vender. Es posible que no logre enormes ganancias utilizando este método, pero si vende cuando el precio de Bitcoin es alto, entonces aún obtendrá un buen rendimiento.

Invertir una suma global en Bitcoins

Este método definitivamente no es uno para los débiles de corazón, pero queremos cubrir todas las bases aquí. Cuando invierte una suma global en Bitcoins, los comprará a un precio específico. Hay un elemento de riesgo cuando se hace esto.

Supongamos que tiene $50,000 para invertir. Naturalmente, desea obtener tantos Bitcoins como sea posible para su inversión. Para tener la mejor oportunidad de hacer esto, no tiene más remedio que esperar hasta que el precio de Bitcoin baje.

No hay otra alternativa aquí. Debe esperar y cronometivar su entrada en el mercado de Bitcoin lo mejor que pueda. El problema es que en la práctica el precio de Bitcoin fluctúa muy a menudo, por lo que predecir la próxima caída de precios es realmente difícil de hacer.

Si tiene una suma global para invertir en este momento, no le recomendamos que comience con esto. Se necesita experiencia para hacer un buen juicio de la caída correcta del precio. Incluso los expertos se equivocan a veces.

Cuando eres nuevo en bitcoin invertir y quieres invertir una suma global, es posible que veas una caída de precios y luego pienses en ti mismo "si me quedo un tiempo, puede bajar incluso more" o "¿qué pasa si el precio nunca alcanza mi punto más bajo?"

El mismo escenario se aplica a la venta de su inversión de suma global. ¿Cómo sabes el mejor precio para vender tus Bitcoins? Puede ser muy difícil vender al precio que necesita para obtener el beneficio you planeado para.

Si vendes demasiado pronto y el precio sube aún más, entonces te criticarás mucho. ¡Piensa en lo que podrías haber hecho con todo ese beneficio extra! Obviamente, una inversión de suma global le proporcionará un beneficio mucho más alto que the dólar costo promediando método si usted consigue el momento justo.

Bitcoin   Investing   Hedge Fund

Es posible que no sea consciente de esto, pero en realidad hay fondos de cobertura de criptomonedas disponibles que incluyen Bitcoin. Esta podría ser una buena alternativa para usted si no desea aprender sobre la inversión en Bitcoin que tendrá que hacer si desea utilizar otrasestrategias de inversión. El mayor inconveniente con cualquier fondo de cobertura es el rendimiento caro y las comisiones de gestión.

Los fondos de cobertura de criptomonedas insistirán en que pague la tarifa de administración por adelantado. Por lo general, estas tarifas están en la región del 2% de su inversión, por lo que si desea invertir $ 100,000, entonces tendrá que pagar alrededor de $ 2,000 como una tarifa de administración que lo deja con $ 98,000 por invertir en criptomonedas.

Usted será nombrado un gestor de fondos de cobertura y trabajan sobre una base de porcentaje de beneficios. Esto puede ser tan alto como 20% por lo que si usted fue capaz de asegurar un $40,000 beneficio de su inversión, entonces usted tendrá que pagar $8,000 a su gestor de fondos de cobertura.

Estas cifras pueden asustarte y los fondos de cobertura de criptomonedas no van a ser la idea de todo el mundo de algo bueno. Pero cuando lo pienses, tendrás totalmente manos libres de invertir aquí, lo que puede hacer grandesventajas para ti.

9.   Evite las estafas de Bitcoin y criptomonedas

Aunque Bitcoin ciertamente no es una estafa, hay un montón de personas por ahí que tratarán de estafar a usted fuera de sus bitcoins preciosos. Al igual que cualquier otro producto de alto valor, algunas personas harán todo lo posible para tener en sus manos bitcoins. Así que en este capítulo vamos a ver algunas de las estafas más comunes que usted necesita para evitar.

Intercambios deBitcoin   que   son falsos

Siempre le recomendamos que utilice un intercambio de criptomonedas que tenga una reputación establecida y que haya estado operando durante unos años. En esta guía te hemos hablado de Coinbase, Kraken, Poloniex y Bittrex. También hay otros como Cex.io, Bitstamp.net y Changelly.com.

Hay tantos intercambios de criptomonedas disponibles hoy en día que sería imposible de usar para dar fe de cualquiera de ellos. Usted necesita llevar a cabo su propia diligencia debida aquí y averiguar el historial y buscar comentarios de usors.

Si usted ve un cambio que ofrece tasas que son demasiado buenas para ser verdad, entonces ser muy sospechoso. Desafortunadamente, hay intercambios falsos que se parecen a la cosa real y luego, cuando intenta comerciar con ellos, robarán sus Bitcoins ynunca los volverá a ver.

Estos intercambios falsos se aprovechan de los recién llegados al espacio Bitcoin. Ofrecen la oportunidad de comprar Bitcoins por hasta un 20% más bajo de lo que vería en sitios de buena reputación como Coinbase. Desafortunadamente algunas personas nuevas caen en esta estafa – you saber mejor ahora!

Otra señal de un intercambio falso es donde ofrecen comprar sus Bitcoins de usted a un precio más alto que el promedio y luego le envían la cantidad en dólares estadounidenses a su cuenta de PayPal. Esto nunca sucederá y simplemente robarán susBitcoins.

Estafas de phishing

Estos se realizan mediante correo electrónico. El objetivo es obtener los detalles de inicio de sesión para su billetera en línea. Por lo tanto, recibirá un correo electrónico de un nombre de dominio que se parece Coinbase.com, por ejemplo, que no es del sitio genuino. Es might ser de Coinsbase.com pretender ser Coinbase.com o utilizan otros trucos.

Si usted cae en este tipo de estafa de phishing y utilizar su Coinbase.com datos de inicio de sesión para iniciar sesión en el sitio web falso, entonces los estafadores a continuación, tienen su información y puede iniciar sesión en su cuenta coinbase, bloquearlo fuera de su propia cuenta y robar todos sus Bitcoins!

Estafas de malware

Estos son desagradables. Se le pedirá que haga clic en un enlace en un correo electrónico o en un sitio web que descargará malware en su computadora sin que usted lo sepa. Usually el malware es un keylogger que registrará todo lo que escriba y enviar esto de vuelta a los estafadores. Así que si escribes tu nombre de usuario y contraseña de Coinbase, esto se compartirá con los ladrones.

Nunca haga clic en ningún enlace en correos electrónicos o en sitios web de los que no esté 100% seguro. Si nota que se está descargando algo, deténgalo inmediatamente.

Ponzi estafas

Si alguien le ofreciera un retorno garantizado de su inversión, entonces usted estaría interesado derecho? Bueno, aquí está la cosa: nadie puede ofrecerle este tipo de garantía con criptomonedas. No existe tal cosa como una inversión libre de riesgo.

Bitcoin y lascriptomonedas son volátiles por su propia naturaleza. Si alguien le dice que puede garantizar un retorno diario del 10% de la inversión, es un estafador. Un esquema Ponzi paga a los primeros miembros con las inversiones realizadas por los nuevos miembros. Ha estado sucediendo durante años y muchas personas se enamoran de otros nuevos.

La mejor manera de evitar las estafas esquema Ponzi es tener siempre en cuenta que si parece demasiado bueno para ser verdad, entonces probablemente no lo es.

Hay mucho interés en la minería de Bitcoin. La minería enla nube es un concepto en el que no tiene que invertir mucho en el hardware informático de alto nivel necesario para la minería de Bitcoin. Simplemente únase a un grupo y la minería se realiza por usted. Por supuesto, tendrá que pagar por este privilegio.

Si bien hay programas legítimos de nube mining hay un número de estafadores, así. Echa un buen vistazo a la página web para ver si tienen un dominio https seguro y también buscar comentarios sobre la empresa en los motores de búsqueda.

No recomendamos que te metas en la minería de Bitcoin cuando estés comenzando. Si le gusta la idea de la minería en la nube, entonces debe hacer su tarea, de lo contrario, corre el riesgo de que los estafadores tomen su dinero a cambio de nada.

10. Mejores prácticas de inversión en Bitcoin

Queremos que seas un inversor exitoso en Bitcoin. Aunque nada está garantizado al invertir en criptomonedas, hay ciertas prácticas que puedes seguir que maximizarán tus posibilidades de éxito.

Entender cómo funciona Bitcoin

Le hemosdado toda la información que necesita en esta guía para entender cómo funciona realmente Bitcoin. Necesita conocer los principios de blockchain y cómo se realizan las operaciones de Bitcoin. No se deje atrapar por los tecnicismos, pero asegúrese de tener una comprensión firme de Bitcoin antes de realizar cualquier operación.

Ir para la inversión a largo plazo

Es posible que haya escuchado muchas historias sobre comerciantes que ganan dinero con las operaciones de Bitcoin todos los días.
Algunos de estos pueden ser ciertos, pero estas personas tienen mucha experiencia y saben lo que están haciendo!
Ir por una estrategia de inversión a largo plazo (comprar y mantener) instead para luchar contra la volatilidad de Bitcoin.

Sea seguro para la billetera

Dedicamos un capítulo entero a los diferentes tipos de billeteras para Bitcoin y sus problemas de seguridad. Las billeteras en línea son las menos seguras y las carteras de hardware son las más seguras. Para la convenience funciona al revés con billeteras en línea o "calientes" siendo las más convenientes y fuera de línea o "frías" carteras siendo las menos convenientes.

Los bitcoins son muy valiosos, por lo que debe tener las billeteras adecuadas para protegerlos. Si usted va a trade regularmente entonces sólo mantener suficientes Bitcoins en una billetera en línea para hacer esto y mantener el resto en su billetera fría. Si los ladrones se apoderan de sus claves privadas, entonces puede decir adiós a sus Bitcoins.

Utiliceintercambios de buena reputación para comprar y vender Bitcoins

Debido al alto valor de bitcoins hay un montón de ladrones y estafadores por ahí que quieren robar el suyo de usted. Solo use un intercambio de criptomonedas de buena reputación como Coinbase o Kraken para comprar y vender sus Bitcoins.

Siempre echa un vistazo a un cambio de criptomoneda exa fondo. ¿Tienen un historial? ¿Hay opiniones de los usuarios? Si no puede encontrar estas cosas, busque otro intercambio. Si un intercambio está haciendo promesas de acuerdos de Bitcoin que parecen demasiado buenas para ser verdad, entonces siga adelante.

Ver tendencias de Bitcoin

Siempre es una buena idea vigilar las fluctuaciones de precios de Bitcoin. Utilice herramientas como Bitcoin Wisdom y Cryptowatch para mantenerse en el bucle. Esto es especialmente importante si está pensando en invertir una suma global en Bitcoin. Usted quiere comprar alprecio más bajo y vender al precio más alto.

Evite el comercio de Bitcoin inicialmente

Una vez que obtenga más experiencia como inversor de Bitcoin, puede probar suerte en el comercio de Bitcoin. No recomendamos que comience a operar de inmediato. Necesita aprender mucho sobre los precios de Bitcoin y ser capaz de controlar eficazmente sus emociones para operar con éxito.

Hay cuentas demo disponibles que puede usar para practicar el comercio de Bitcoin. Utilice estos al máximo y aprender de los errores que usted hace befo re empezar a utilizar dinero real para elcomercio de Bitcoins.

Aceptar que Bitcoin es volátilyde alto riesgo

Bitcoin es una moneda digital altamente volátil. Esto significa que hay oportunidades para obtener ganancias significativas y el riesgo de perder mucho dinero también. Debe aceptar esto y siempre tenerlo en cuenta para ser un inversor exitoso de Bitcoin.

Evitar estafas

Desafortunadamente, hay muchas estafas de criptomonedas. Los bitcoins son muy valiosos y los ladrones harán todo lo posible para robartelos. Tenga cuidado con los intercambios falsos, phishing en los correos electrónicos y demasiado bueno para ser verdaderos esquemas Ponzi.

Evitar Bitcoin Mining

No se involucre en la minería de Bitcoin cuando esté comenzando. Usted tendrá que hacer una inversión significativa en equipos informáticos de alta gama para tener alguna posibilidad de éxito y sólo tiene más sentido utilizar este dinero para comprar Bitcoins en su lugar.

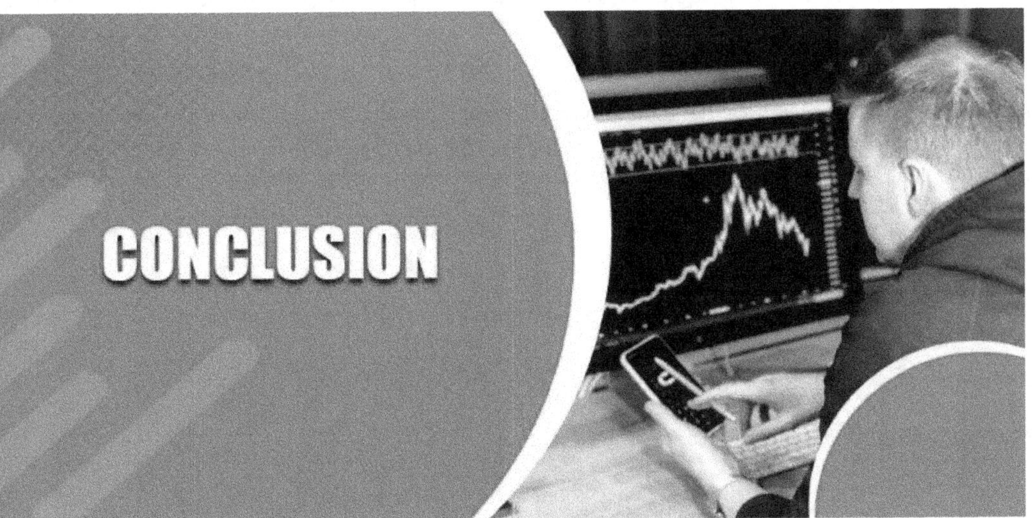

11. conclusión

Si ha leído esta guía de principio a fin, tiene una base sólida en Bitcoin y puede llevar esto adelante para comenzar a hacer inversiones sólidas. Este es solo el comienzo para usted, por lo que le instamos a que realice un seguimiento de las tendencias con Bitcoin y se mantenga al tanto de todos los nuevos desarrollos con esta criptomoneda.

Ha habido fortunas hechas a través de la inversión y el comercio de Bitcoin. Pero no es una situación de hacerse rico de la noche a la mañana. Necesita desarrollar un plan de inversión y solo hacer inversiones que pueda pagar. Inicialmente, le recomendamos encarecidamente que se acerque a la inversión en Bitcoin como una inversión a largo plazo.

Con más y más empresas dándose cuenta del poder de Bitcoin, podrá usar el suyo en más lugares para hacer compras en un futuro cercano. Si usted tiene un negocio yourself entonces le recomendamos que proporcione a sus clientes la opción de hacer pagos Bitcoin.

Si usted está preocupado por el futuro de Bitcoin, entonces no hay necesidad de esto. Está creciendo y ha llegado para quedarse. El hecho de que ahora pueda comprraritcoins B de cajeros automáticos lo dice todo. La tecnología blockchain que admite Bitcoin ahora se considera el futuro de las transacciones financieras en línea y la gestión de la cadena de suministro.

Así que ahora le tocó a usted. Debe tomar medidas y seguir los consejos de esta guía. Leer esta guía te hará más inteligente: tomar medidas tiene el potencial de hacerte más rico. Recuerde comenzar poco a poco y usar un intercambio de criptomonedas de buena reputación como Coinbase.com. También obtenga una billetera segura para transferir sus Bitcoins y mantenerlasegura.

Si ve una oferta de criptomonedas que se ve demasiado buena para ser verdad, entonces probablemente lo sea. Evite cualquier cosa que pretenda vender Bitcoins a un valor muy por debajo del valor de mercado o que garantice rendimientos. Todo esto es una estafa. Nadie puede duplicar sus Bitcoins tampoco, así que steer claro de esto, así.

Esperamos que haya encontrado Bitcoin Breakthrough informativo y útil. Comience hoy mismo con su inversión en Bitcoin. Le deseamos el mayor de los éxitos en su viaje de Bitcoin y recuerde que siempre necesita seguir aprendiendo. Los inversores est inteligentesson los que suelen obtener los mayores beneficios.

12.   Avance de Bitcoin - Informe de recursos
#1 de recursos

Anota tus objetivos para invertir en Bitcoin

Monitoree el precio de Bitcoin usando CoinDesk.com

Aprende sobre los ciclos anteriores de Bitcoin para identificar oscilaciones

Utilice Cryptowat.ch y BitcoinWisdom.com para monitorear las tendencias de Bitcoin

Objetivo: Prepárese con toda la información que necesita para una inversión exitosa en Bitcoin.

Para obtener los mayores beneficios que necesita para comprar al precio más bajo y vender al precio más alto.

#2 de recursos

Mira una serie de intercambios de criptomonedas para las mejores ofertas

Echa un vistazo a la reputación de cualquier intercambio que estés considerando y también busca reseñas

Busque intercambios de efectivo donde pueda intercambiar Bitcoins de manera fácil y segura por dinero en efectivo

Si desea trabajar para Bitcoins, compruebe qué sitios web independientes le pagarán de esta manera

Busque ofrecer a sus clientes una opción de pago de Bitcoin para su tienda fuera de línea o en línea

Busque sitios web que paguen en Bitcoin por realizar pequeñas tareas

Busque grifos de Bitcoin que regalan Bitcoins

Objetivo: Hay diferentes maneras en que puede adquirir Bitcoins, así que considere las opciones que mejor se adapten a usted.

Obtenga una billetera en línea gratuita de un intercambio de buena reputación o en Blockchain.com

Si utiliza un dispositivo móvil, compruebe las billeteras en línea que son compatibles con dispositivos móviles

Investigue las diferentes opciones de billetera de escritorio para una seguridad media

Si desea utilizar una billetera de papel, entonces considere dónde almacenará esto : ¿una caja de seguridad?

Mire los diferentes tipos de billetera de hardware disponibles y elija la que mejor se adapte a sus necesidades y presupuesto

Objetivo: Debe tener una billetera segura para la mayoría de sus Bitcoins. Nunca deje sus Bitcoins en una billetera en línea de intercambio, ya que podría perderlos todos.

Busque sitios web de comercio de criptomonedas que proporcionen una cuenta demo gratuita

Investigar cómo los operadores experimentados obtienen ganancias de Bitcoin

Crear un plan para el comercio de Bitcoin y se adhieren a él

Objetivo: El comercio de bitcoin día es difícil, pero puede ser muy rentable. Aprenda todo lo que pueda y use una cuenta demo durante un tiempo antes de comenzar a usar dinero real para operaciones de Bitcoin **Resource #5**

Identifique los intercambios de criptomonedas que le proporcionan lo que desea, por ejemplo, el intercambio de moneda fiduciaria por Bitcoins

Compruebe todos los intercambios potenciales de criptomonedas para obtener buenas críticas y un buen historial. Utilice los foros para identificar los intercambios de estafa.

Decida cuánto puede permitirse invertir regularmente utilizando el método de promediación de costos en dólares

Si desea invertir una suma global en Bitcoin, dedique tiempo a aprender cómo verificar las tendencias e identificar cuándo puede comprar a los precios más bajos

Investigue un poco sobre los fondos de cobertura de criptomonedas y vea si esto es algo que le

atraiga Objetivo: Debe elegir una estrategia de inversión de Bitcoin que se adapte mejor a usted.

13.   Artículos

Aquí hay algunos artículos cortos dados como "alimento para el pensamiento".

6 razones por las que necesita una declaración WHY

La mayoría de la gente no sabe cuál es su verdadera vocación en la vida. Algunas personas simplemente no se preocupan por esto y están felices de ser un vagabundo en la vida y simplemente "ir con el flujo". Otros se preocupan por ello, pero tienen problemas para identificar su verdadero propósito en la vida. Así que aquí le mostrará 6 razones por las que absolutamente debe crear una declaración WHY.

1. Proporcionará claridad sobre cuál es su propósito en la vida.

Si no conoces el verdadero propósito de tu vida, entonces terminarás haciendo cosas que realmente no quieres hacer. Hay tantas personas trabajando en puestos de trabajo que odian sólo para pagar las cuentas. Temen los lunes por la mañana y siempre se sienten aprensivos los domingos por la noche. Esta no es manera de vivir su vida.

Cuando sabes cuál es tu verdadero propósito en la vida, puedes tomar medidas para lograrlo. Usted tendrá más confianza y puede conseguir un trabajo que se alineará con su propósito. Tendrás más energía y estarás motivado cada día.

2. Una declaración why agudiza su enfoque

Sin el enfoque correcto en su vida, es fácil establecer metas con las que no está realmente comprometido. Muchas personas siguen a sus amigos y otros influencers en su vida y terminan estableciendo los mismos objetivos que ellos. Todos somos diferentes y esto rara vez funciona bien.

Cuando identificas lo que realmente quieres que sea tu vida, esta claridad te ayuda a resolver tus próximos movimientos mucho más fácilmente. Puedes usar tu declaración WHY para impulsarte cada día y lograr lo que realmente quieres de tu vida.

3. Usted tomará las decisiones correctas

¿Alguna vez has tomado decisiones equivocadas en tu vida? Por supuesto que todos lo hemos hecho. Cuando usted tiene una declaración de por qué fuerte y convincente que le ayudará a tomar decisiones mucho mejores en la vida.

Muchas decisiones tienen consecuencias graves y si usted no sabe su verdadero propósito, entonces usted puede descartar estas consecuencias a cambio de placer a corto plazo o ganancia. Con una buena declaración WHY evaluarás las consecuencias a largo plazo y podrás tomar mejores decisiones.

4. Proporciona más responsabilidad

Las personas que no tienen ningún propósito en la vida tienden a rehuir la responsabilidad. Simplemente están felices de ir a la deriva, pero luego se quejan amargamente cuando las cosas van en su contra. Nunca es su culpa, por supuesto, y siempre de otra persona.

Con una poderosa declaración why sabrás a dónde vas en la vida y serás responsable de esto. Pensarás más en las cosas y solo tomarás medidas cuando se alinee con tu declaración WHY. Esta responsabilidad adicional lo hará una mejor persona.

5. Serás más saludable y feliz

Si solo desea considerar una de estas razones para tener una declaración why convincente, entonces esta es la que debe elegir. No hay nada más importante que tu salud y tu felicidad. Cuando eres feliz, entonces tiendes a ser más saludable. Si usted es infeliz, entonces su resistencia está abajo y usted puede experimentar todo tipo de problemas de salud.

6. Su resiliencia aumentará

Todo el mundo tiene que enfrentar problemas en su vida. Para algunas personas, estos problemas son demasiado difíciles de manejar y se sienten abrumados y estresados. Cuando tienes una declaración convincente de POR QUÉ puedes ver estos problemas como oportunidades para que crezcas y alcances la plenitud en tu vida.

Bitcoin 101 - Qué es y por qué debería importarle

Es posible que haya oído hablar de Bitcoin y se haya preguntado qué era realmente. Siempre hay muchas noticias sobre esta moneda digital y especialmente cómo sube y baja de precio dramáticamente a veces. Bueno, aquí le daremos el 101 completo en Bitcoin.

Como ya mencionamos, Bitcoin es una moneda digital. Usted puede pensar que hay monedas reales disponibles, pero no hay. Estas son sólo invenciones. La intención original de Bitcoin era enviar pagos de forma anónima y segura en línea. Esto sigue siendo cierto hasta cierto punto hoy en día.

Una moneda descentralizada

Varios países de todo el mundo tienen miedo de Bitcoin. Es una moneda totalmente descentralizada no controlada por ningún gobierno o banco centralizado. Algunos países han prohibido Bitcoin.

Una ventaja importante que tiene Bitcoin sobre las monedas fiduciarias convencionales es que no se ve afectado por ninguna medida inflacionaria o deflacionaria impuesta por los países. Hay un suministro limitado de Bitcoin que aumenta su valor, similar al oro.

La tecnología detrás de Bitcoin

Blockchain es la tecnología detrás de Bitcoin. Este es un sistema de contabilidad pública que se suma a una gran cadena de transacciones confirmadas, que es de donde se originó el nombre blockchain. Cualquiera puede ver toda la cadena de bloques para Bitcoin desde que comenzó en 2009. Se trata de una gran cantidad de datos y crecerá aún más en el futuro.

Con la tecnología blockchain después de verificar una transacción financiera no se puede cambiar. Crea registros inmutables. Esto es excelente para la seguridad, pero no tan bueno si comete un error con una transacción de Bitcoin. No hay vuelta atrás después de la verificación y la confirmación.

Miles de computadoras (nodos) en la red blockchain para Bitcoin lo validan todo el tiempo. Esto significa que es prácticamente imposible hackear una red blockchain, ya que requeriría más potencia de procesamiento que todas las computadoras que conforman la red.

Minería bitcoin

El proceso de verificación de las transacciones de Bitcoin recae en los mineros de Bitcoin. Se trata de individuos, grupos o empresas que utilizan equipos informáticos de alta potencia para resolver los complejos códigos criptográficos necesarios para verificar cada transacción.

Los mineros de Bitcoin reciben recompensas por este trabajo en forma de Bitcoins. Con Bitcoins siendo muy valioso en estos días, la minería puede ser una tarea muy gratificante. El problema es que con la creación de nuevos Bitcoins el número de nuevos disponibles cae.

Necesita una gran cantidad de potencia de procesamiento informático para participar en la minería de Bitcoin ahora. Una computadora de escritorio poderosa no es lo suficientemente buena. Así que si quieres ser un minero bitcoin que necesita para invertir en equipos informáticos de alta especificación (y un montón de ella), y estar preparado para ejecutarlos 24/7 con los costos eléctricos que eso trae.

¿Dónde se pueden obtener Bitcoins?

Puede comprar Bitcoins en su moneda fiduciaria nativa, por ejemplo, dólar estadounidense mediante el uso de un intercambio de criptomonedas como Coinbase.com. Hay tarifas involucradas para comprar y vender como se puede imaginar.

Una billetera de criptomonedas almacena sus Bitcoins comprados. El intercambio de criptomonedas le proporcionará una billetera en línea y hay otras formas de billetera Bitcoin, como una billetera de escritorio, una billetera de papel y una billetera de hardware.

La billetera de hardware es la más segura porque no la dejas enchufada a tu ordenador o dispositivo móvil. Una billetera en línea es la menos segura porque si puede acceder a ella en línea, también lo pueden hacer los hackers.

¿Debería invertir en Bitcoin o comerciar con Bitcoin?

Hay una serie de historias sobre los comerciantes de Bitcoin que han hecho una gran cantidad de dinero en la parte posterior de la volatilidad de la moneda digital. Algunos comerciantes son capaces de obtener ganancias consistentes la mayoría de los días con Bitcoin. Entonces, si está comenzando con Bitcoin, ¿debería operar o ir por una inversión a largo plazo?

Comercio de Bitcoin

Si usted es nuevo en Bitcoin, entonces no es imposible para usted hacer operaciones para obtener ganancias regulares. Pero esto no es algo fácil de hacer. Se necesita una buena cantidad de experiencia y es necesario estar mental y financieramente listo. Para obtener ganancias consistentes del comercio que necesita para comprar bajo y vender alto.

Cuando comienzas a operar con Bitcoin, es natural que entres en pánico cuando los precios cambian. Bitcoin es ahora muy valioso y literalmente puede haber miles de dólares en juego. Cuanto más dinero esté usando, más probable es que entre en pánico.

Aprenda cómo operar con Bitcoin

Nunca recomendaríamos que simplemente saltara al comercio de Bitcoin. Primero debes aprender todo lo que puedas al respecto. Varios de los intercambios le proporcionarán una cuenta ficticia donde puede practicar. Estas cuentas tienen precios en tiempo real como los reales y si cometes un error, entonces puedes aprender de ellos.

No importa si soplas todo el dinero fingido en una cuenta demo. Sólo tienes que conseguir otra cuenta demo e intentarlo de nuevo. Pero imagínese que esto era dinero real que estaba negociando con — sería devastador perder todo no lo haría?

Crear un plan de trading

Los mejores operadores de Bitcoin tienen un plan. Tienen precios mínimos de compra y venta. Se adhieren a este plan sin importar qué y nunca entran en oficios emocionales porque "se sienten bien". Cuando comience a operar con Bitcoin, olvídese de hacer un tonelada de dinero en un día. Si tienes esta actitud es más probable que cometas muchos errores.

Nunca ir todo en un comercio. Sólo tiene que utilizar pequeñas cantidades de dinero para el comercio con hasta que desarrolle las habilidades y la experiencia que necesita. No importa lo buena que parezca ser una oportunidad, solo quédese con pequeñas cantidades cuando esté comenzando.

Inversión en Bitcoin

La diferencia entre la inversión en Bitcoin y el comercio es la cantidad de tiempo involucrado. Con la inversión en Bitcoin, usted se está comprometiendo con el largo plazo, que creemos que es una decisión más inteligente. Cuando inviertes a largo plazo, puedes cubrir la volatilidad de Bitcoin y tener la mejor oportunidad de obtener un buen rendimiento.

Uno de los mejores métodos para usar para la inversión en Bitcoin es el método de promediación de costos en dólares. El concepto aquí es invertir cantidades más pequeñas regularmente para que pueda aprovechar las oscilaciones de precios.

Por ejemplo, si decide que puede invertir $ 100 a la semana, algunas semanas obtendrá más Bitcoins por su dinero y otras semanas obtendrá menos. Durante un período de tiempo, esto siempre debe promediar para que al final del período de inversión todavía haya hecho un rendimiento razonable.

¿Vale la pena involucrarse con la minería de Bitcoin?

La minería de Bitcoin es esencial para mantener la red de Bitcoin en marcha. Los mineros verifican y confirman todas las transacciones de Bitcoin y sin ellos todo se detendría. No habría más transacciones ni se crearían nuevos Bitcoins.

¿Qué es la minería de Bitcoin?

Los mineros de Bitcoin utilizan equipos informáticos muy potentes para actualizar el libro mayor descentralizado de Bitcoin. Necesitan resolver desafíos criptográficos muy complejos y los primeros en hacer esto actualizarán un bloque y recibirán una recompensa en Bitcoins (en el momento de escribir esto es alrededor de 12 Bitcoins).

Con Bitcoins que valen miles de dólares en estos días, esto parece una muy buena idea. Pero, ¿lo es realmente? No puede realizar la minería de Bitcoin con éxito con una computadora de escritorio poderosa. Es necesario invertir una tonelada de dinero en la potencia de computación de gama muy alta y luego pagar por los costos de funcionamiento de estas computadoras.

El proceso de minería de Bitcoin

Cualquiera puede involucrarse en la minería de Bitcoin. Ya hay miles de mineros de Bitcoin que actualizan el libro mayor de blockchain de Bitcoin y miles más quieren participar. Con la minería de Bitcoin, debe adivinar un número que resolverá una ecuación que genera la cadena de bloques.

Es necesario utilizar equipos potentes para hacer estas conjeturas. Cuando tienes mucha potencia de cálculo puedes hacer muchas conjeturas por segundo, lo que aumenta tus posibilidades de ser el primero en hacerlo bien.

Cuando adivinas bien, el software de minería en tus computadoras funciona cuál de las transacciones actualmente pendientes necesita agruparse en el siguiente bloque para agregar a la cadena de bloques. Después de esto, toda la red Bitcoin valida la transacción.

La minería de Bitcoin es difícil

El inventor de Bitcoin y blockchain, Satoshi Nakatomo,creó reglas para la minería donde cuanto más poder de minería en la red más difícil es adivinar el número aleatorio correcto. A medida que más y más personas se convierten en mineros de Bitcoin, el nivel de dificultad continúa aumentando.

La razón detrás de esta creciente dificultad es crear un flujo regular de Bitcoins. En realidad, esto significa que se tarda alrededor de 10 minutos en crear un nuevo bloque de transacciones en promedio. Los tiempos reales varían considerablemente. Se trata de poder minero en estos días y cuanto más tengas, más probabilidades tendrás de tener éxito.

Piscinas mineras de Bitcoin

Involucrarse en la minería de Bitcoin en estos días está más allá de la mayoría de las personas. Los costes del equipo necesario y los costes de funcionamiento son demasiado. También hay una mayor competencia, ya que muchos mineros colaboran juntos.

Una solución a este problema es el grupo de minería de Bitcoin. Este es un concepto simple donde grupos de personas crean un grupo y combinan su poder minero y comparten las recompensas. Incluso los jugadores pequeños pueden involucrarse con la minería de Bitcoin en una piscina.

Hay una serie de grandes piscinas de minería de Bitcoin existentes hoy en día. Se llevarán un porcentaje de cualquier éxito que tengas. Por lo general, esto es alrededor de la marca del 2%.

Entonces, ¿vale la pena la minería de Bitcoin?

Si usted es un recién llegado, entonces la respuesta a esto es probablemente no. Hay muchos factores a considerar si realmente desea involucrarse en la minería de Bitcoin. Si quieres ir por su cuenta, entonces usted tendrá que invertir un poco de dinero en las computadoras que pueden hacer un número muy alto de conjeturas cada segundo.

Luego tienes que mantener estas súper computadoras funcionando, lo que generalmente significa costos de almacenamiento (necesitan una refrigeración adecuada, ya que funcionan todo el tiempo) y costos de electricidad. En verdad, sería mejor usar el dinero que necesitaría invertir para comprar Bitcoins.

Puede ser realmente emocionante involucrarse con Bitcoin. Pero varios recién llegados siguen cometiendo los mismos errores cuando se involucran. Algunos de estos errores pueden ser muy costosos por lo que te traemos 5 errores que debes evitar a toda costa para asegurarte de que sacas el máximo provecho de tu participación con Bitcoin.

1. Uso de su billetera de Exchange para almacenar todos sus Bitcoins

Bitcoins ahora valen mucho dinero, lo que los hace atractivos para los nuevos inversores. También los hace atractivos para los hackers y ladrones, así. La mayoría de las personas compran sus Bitcoins en un intercambio de criptomonedas. Cuando hacen esto, el intercambio les proporciona una billetera en línea para almacenar sus Bitcoins.

Mantener todos sus Bitcoins en su billetera de intercambio es una mala idea por dos razones principales. El primero de ellos es la seguridad. Es casi imposible hackear la cadena de bloques para Bitcoin, pero las billeteras de intercambio en línea son una perspectiva mucho más fácil. Si un hacker se mete en su billetera de intercambio en línea, entonces pueden tomar todos sus Bitcoins.

La segunda razón por la que nunca debe mantener todos sus Bitcoins en una billetera de intercambio es porque pueden suspender o incluso cerrar su cuenta por una variedad de razones. Si cierran su cuenta por completo, entonces pierde cualquier Bitcoins en su billetera de intercambio.

2. No tener lugares seguros para sus Bitcoins

Hay diferentes tipos de billeteras que puede usar para almacenar sus Bitcoins. La billetera en línea o móvil ofrece el más alto nivel de comodidad, pero el nivel más bajo de seguridad. Puede usar estas billeteras para transacciones pequeñas y regulares de Bitcoin.

Puede obtener una billetera más segura, que es una aplicación para su computadora de escritorio o portátil. Algunos de estos son gratuitos y algunos requieren un pequeño pago. Estas son billeteras Bitcoin de seguridad media, ya que puede desconectar su computadora de Internet.

Las carteras de papel son más seguras. Como su nombre indica, imprime su información vital de Bitcoin en papel y luego puede almacenarla donde nadie más tendrá acceso a ella (como en una caja de seguridad).

Finalmente, la billetera más segura es la billetera de hardware. Esta es una memoria USB donde puede almacenar sus Bitcoins. Solo necesita usar la billetera de hardware cuando realice transacciones. Sacarlo de la computadora cuando haya terminado. Las carteras de hardware son bastante caras, pero valen la pena.

3. Pánicos de cambio de precios

No es ningún secreto que Bitcoin es una moneda volátil. Las oscilaciones de precios de alrededor de $ 100 por día hacia arriba o hacia abajo son comunes. A veces, los recién llegados a bitcoin invierten pánico cuando ven estos cambios de precios, particularmente las caídas de precios.

No hay necesidad de entrar en pánico. Bitcoin tiende a subir y bajar de precio en ciclos. Su valor ha aumentado constantemente a lo largo de los años y no hay razón para pensar que esto no continuará.

4. Cambio de una criptomoneda a otra

Si va a invertir en Bitcoin, quédese con Bitcoin. Saltar de una criptomoneda a otra nunca funciona bien. No se deje tentar por Altcoin, ya que esto no está tan bien establecido como Bitcoin.

5. No saber lo suficiente

Necesita saber todo lo que pueda sobre Bitcoin para aprovecharlo al máximo. Comprender cómo funciona y estudiar sus patrones de cambio de precios. Hay muchas comunidades de Bitcoin a las que puedes unirte en las redes sociales.

Estafas Bitcoin y cómo evitarlos

El valor de bitcoins ha aumentado significativamente en los últimos años, por lo que no es de extrañar que haya estafadores por ahí que quieran robar Bitcoins o tomar su dinero sin retorno. Aquí discutiremos las estafas de Bitcoin más comunes y cómo puede evitarlas.

El intercambio falso de Bitcoin

La compra y venta de Bitcoins generalmente se realiza utilizando un intercambio de Bitcoin o criptomoneda. Algunos de los intercambios le permitirán comprar Bitcoins en su moneda fiduciaria nativa, mientras que otros le permitirán usar otras criptomonedas para intercambiar por Bitcoins.

Hay muchos intercambios de criptomonedas disponibles y más que se unen al grupo todo el tiempo. No todos estos intercambios son legítimos y algunos existen para robar sus Bitcoins o su dinero, o ambos.

A todos los efectos, estos intercambios se ven y se sienten como verdaderos. Mostrarán los precios en tiempo real y tendrán una plataforma de negociación. Pero simplemente tomarán sus Bitcoins y los desviarán a sus cuentas o tomarán su moneda y nunca le proporcionarán los Bitcoins por los que pagó.

Estafas de malware

El malware es una pequeña aplicación informática que se descarga en su ordenador. Recientemente ha habido casos de malware que tienen keyloggers que detectan todas las pulsaciones de teclas que haces. Estos pueden descubrir sus claves privadas para Bitcoin o sus datos de inicio de sesión en un intercambio de criptomonedas.

Cuando esto sucede, los hackers utilizarán esta información para robar sus Bitcoins. Usted puede descargar malware sin darse cuenta y los delincuentes cibernéticos están mejorando en esto con cada día que pasa. Nunca haga clic en un enlace de sitio web en el que no confíe del todo.

Phishing por correo electrónico

Esta es otra estafa popular. Los ladrones compran nombres de dominio que son similares a los intercambios de buena reputación. Por ejemplo, podrían tener en sus manos Coinsbase.com en lugar de Coinbase.com.

Luego envían correos electrónicos falsos utilizando estos nombres de dominio y piden a los destinatarios que verifiquen sus cuentas de criptomonedas. Proporcionan un enlace en el correo electrónico que va a su sitio web falso. Se ve exactamente como la página de inicio de sesión real del intercambio legítimo.

El usuario tiene que introducir sus datos de inicio de sesión que los piratas informáticos roban. Los hackers pueden evitar que el usuario inicie sesión en sus cuentas reales y muy rápidamente desvían cualquier Bitcoin en sus billeteras a sus cuentas. Debe verificar a fondo cualquier enlace en un correo electrónico que supuestamente provena de su intercambio de criptomonedas.

Duplicación de Bitcoin

Es posible que haya encontrado sitios web antes de esa afirmación de que pueden duplicar la cantidad de Bitcoins que tiene o proporcionarle un rendimiento garantizado de sus Bitcoins todos los días. Nadie tiene el poder de duplicar sus Bitcoins y con la volatilidad de la moneda digital garantizada, los retornos diarios también son imposibles.

Si ve algún sitio web que haga estas afirmaciones, manténgase alejado de ellos. Sólo la intención es robar sus Bitcoins. A veces pagarán durante unos días y luego desaparecerán por completo junto con sus Bitcoins.

Minería en la nube de Bitcoin

La idea de dinero gratis obliga a mucha gente a buscar en la minería de Bitcoin. Es muy caro comprar y ejecutar el equipo informático necesario para hacer esto por su cuenta, por lo que últimamente han surgido soluciones de minería en la nube donde puede pagar a una empresa para que haga esto por usted.

Hay algunos servicios legítimos de minería en la nube, pero también hay estafadores. No es barato involucrarse con la minería en la nube y los estafadores toman su dinero y, por supuesto, no realizan ninguna minería en su nombre.

La caída en las billeteras Bitcoin

La tecnología blockchain utilizada para la red Bitcoin es muy segura. Pero algunas billeteras Bitcoin no son tan seguras. Necesita una billetera para almacenar sus Bitcoins y realizar transacciones. No hay necesidad de que te limites a un tipo de billetera. De hecho, le recomendamos encarecidamente que tenga más de uno.

Si un ladrón o un hacker accede a su billetera Bitcoin, entonces pueden transferir toda su moneda a sus cuentas. Y recuerde que blockchain crea registros inmutables que no puede cambiar, por lo que no hay posibilidad de que devuelva sus Bitcoins si esto sucede. Así que echemos un vistazo a los diferentes tipos de billeteras.

Billeteras en línea

Si utiliza un intercambio de criptomonedas para comprar y vender Bitcoins como lo hace la mayoría de la gente, le proporcionarán una billetera en línea para almacenar sus Bitcoins. Estos son muy convenientes, ya que todo lo que necesita hacer es conectarse a Internet y puede usar su billetera en línea para realizar transacciones. Una billetera móvil es una billetera en línea para dispositivos móviles.

Las billeteras en línea son "billeteras calientes", lo que significa que puede llamarlas a la acción inmediatamente para sus transacciones de Bitcoin. Puede acceder a su billetera en línea con una conexión a Internet desde cualquier parte del mundo. El problema es que también lo pueden hacer los ladrones y los hackers.

El otro problema con las billeteras en línea proporcionadas por los intercambios de criptomonedas es que el intercambio puede bloquear su acceso a su billetera si tiene su cuenta suspendida por alguna razón. Si cierran su cuenta para siempre, entonces perderá todo.

Billetera de escritorio

Una billetera de escritorio es una aplicación de software que descarga en su computadora portátil o de escritorio. Es una billetera de seguridad media. Si desconecta su computadora de Internet, entonces no hay manera de que un hacker pueda acceder a su billetera de escritorio. Pero tan pronto como te conectas de nuevo eres algo vulnerable.

Es mucho más difícil para un hacker acceder a su billetera de escritorio que una billetera en línea. Pero es posible. Si su computadora se vuelve inoperable y no ha hecho una copia de seguridad de su billetera de escritorio, perderá todo.

Billetera de papel

En este escenario, su billetera Bitcoin es un pedazo de papel con toda su información de clave privada en él. Podría pensar que la idea de usar trozos de papel para almacenar su información de Bitcoin realmente no coincide con la tecnología moderna, pero en realidad es una forma muy segura de almacenar sus Bitcoins.

No hay casos registrados de ciberdelincuentes que hackean trozos de papel y tampoco es probable que los haya. El mayor problema con las billeteras de papel es dónde guardar el papel para que nadie más pueda encontrarlo. Si usted tiene una gran cantidad de Bitcoins a continuación, considerar una caja de seguridad.

Billetera de hardware

Una billetera de hardware es la opción más cara y generalmente es una memoria USB que puede llevar consigo dondequiera que vaya. Estas son las billeteras Bitcoin más seguras que existen y si va a ser un inversor serio, le recomendamos que obtenga una.

Todo lo que necesita hacer es conectar la billetera de hardware a su computadora cuando desee realizar una transacción de Bitcoin. Cuando complete la transacción, retire la billetera de hardware y guárdela en un lugar seguro.

Comunicar su declaración WHY a otros

Cuando te comprometes a crear una declaración WHY verdaderamente poderosa, es una buena idea compartirla con otras personas en tu círculo social. Puede compartir su nueva declaración personal de WHY con los miembros de su familia, sus amigos cercanos, su empleador y cualquier otra persona que sea importante para usted en su vida.

Algunas personas no van a saber qué es una declaración WHY y por qué se ha molestado en crear una. Explícales a todos que ahora has encontrado tu verdadero propósito de vida y que tienes la intención de mantener tu declaración why de ahora en adelante.

Compartir proporciona responsabilidad

Al compartir su declaración WHY con las personas importantes que lo rodean, se hará responsable y estará más motivado para vivir por ella. Es posible que no sientas que necesitas esta responsabilidad adicional porque tienes una fuerte voluntad, pero te sorprenderás de lo mucho que esto puede ayudarte a ser la persona que realmente quieres ser.

No todas las personas con las que compartes tu declaración WHY te van a hacer responsable. Es posible que algunos de sus familiares y amigos ni siquiera se den cuenta de que usted se ha desviado de ella. Otros pueden darse cuenta, pero luego mostrar simpatía hacia usted y decir cosas como "bien lo intentó y eso fue lo principal". Esto no te va a ayudar.

Piense en quién hará un buen amigo de la declaración de POR QUÉ. Esta es una persona que realmente lo hará responsable de su declaración WHY y le hará saber en términos inequívocos de su caída de los rieles. No van a ser comprensivos con las desviaciones y le darán un tiempo difícil si usted no vive por su declaración why.

¿Es necesario compartir su declaración WHY con todos?

Va a haber algunas personas en su círculo que simplemente no lo entenderán. Incluso pueden reírse de ti por crear una declaración personal de WHY y decirte que acabas de desperdiciar mucho tiempo y esfuerzo.

Algunas personas te van a decir que nunca vivirás según tu declaración WHY. Ellos te conocen muy bien y sienten que te desviarás de tu declaración WHY lo antes posible. Todos tenemos este tipo de personas en nuestras vidas que ven lo negativo en todo.

Entonces, ¿debería compartir su declaración WHY con estas personas? Para ser honesto, solo usted puede responder a esa pregunta. Si sabes que una persona te va a golpear con un aluvión de negatividad cuando compartes tu declaración WHY con ellos, entonces debes decidir si vas a ser capaz de manejar esto.

Algunas personas pueden manejar bien este tipo de negatividad. En realidad, los hace aún más comprometidos con su declaración WHY. Otros encontrarán esta negatividad difícil de tratar y puede hacerles pensar que están perdiendo el tiempo con una declaración why.

Necesitas evaluar qué tipo de persona eres y cómo reaccionarás ante cualquier negatividad. Si crees que cualquier negatividad te afectará mal, no compartas tu declaración why con este tipo de personas.

La verdad es que nunca puedes predecir totalmente cómo reaccionarán las personas con las que estás cerca cuando les digas sobre tu declaración WHY. Algunos se entusiasmarán y mostrarán aliento. Pero otros de los que esperas la misma reacción pueden ser negativos al respecto. Usted necesita estar preparado para cualquier eventualidad.

Sacar el máximo provecho de su declaración WHY

No hay duda de que cualquier buena declaración personal de WHY toma tiempo y esfuerzo para crear. Así que después de haber hecho esta inversión en su declaración why usted querrá obtener el máximo que pueda de ella.

Con razón, usted tardó bastante tiempo en escribir y refinar su declaración WHY para que fuera lo más clara, concisa y poderosa posible. Así que ahora es el momento de que usted pueda cosechar los beneficios de su nueva y poderosa declaración WHY y en este artículo le mostraremos cómo hacerlo.

Motívate con tu Declaración WHY

La inspiración por sí sola generalmente nunca es suficiente para lograr sus metas. Va a haber momentos en que usted no está en el estado de ánimo correcto y simplemente no se puede molestar en tomar medidas. Cuando usted tiene una fuerte declaración personal por qué se puede utilizar para proporcionarle un impulso motivacional significativo.

Le recomendamos encarecidamente que tenga una copia de su declaración personal de WHY junto a su cama. Todas las mañanas después de levantarse de la cama, debe leer su declaración WHY en voz alta para que lo motive y le dé la energía que necesita para el día por delante.

También es una buena idea mantener una copia de su declaración WHY con usted para que pueda acceder a ella en cualquier momento. Si sientes la necesidad de un impulso motivacional a cualquier hora del día, y donde quiera que estés, saca tu declaración WHY y léela de nuevo.

No hay límite a cuántas veces debe leer su declaración WHY cada día y estar motivado por ella. Esa es una de las principales razones por las que pasaste todo el tiempo y la energía escribiéndolo, así que úsalo tan a menudo como lo necesites.

Establezca sus metas usando su declaración WHY

Es muy poco probable que logres metas con las que no estás realmente comprometido. Tal vez otros te convencieron de establecer ciertas metas en el pasado o simplemente pensaste que era lo correcto.

Con una fuerte declaración WHY puedes olvidarte de lo que dicen los demás y de cualquier otro influencer. Sabes cuál es tu propósito en la vida ahora y lo has definido claramente en tu declaración WHY. Esta claridad es esencial para que usted pueda establecer metas en las que se siente inspirado y verdaderamente comprometido con.

Eres consciente de la contribución que quieres hacer al mundo y del impacto que quieres tener. Así que usa esto para establecer metas que te harán avanzar con ambos. Crea tus metas y planes en torno a tu declaración personal de WHY y estarás totalmente impulsado a alcanzarlas.

Tome decisiones usando su declaración WHY

Debería ser más fácil tomar decisiones en el futuro ahora que tiene una declaración de POR QUÉ fuerte y clara. En lugar de tomar algunas decisiones sin considerar las consecuencias como lo hacen muchas personas, su declaración WHY lo guiará para tomar las decisiones correctas.

Su declaración WHY le ha proporcionado dirección y propósito para su vida, así que siempre tenlo en el fondo de tu mente cuando estés tomando decisiones. Pregúntate si tomar una decisión en particular te acercará al propósito de tu vida o te alejará de él.

Cómo crear una declaración why de negocio fuerte

Escribir una declaración de misión fuerte y efectiva para un negocio no es un trabajo de 5 minutos. Debe pensar cuidadosamente sobre lo que desea incluir en su declaración de misión, ya que debe ser congruente con todas las partes de su negocio, incluidos sus clientes, empleados, proveedores y partes interesadas (propietarios, etc.).

Recomendamos que una declaración de misión sólida debe incluir estos tres elementos importantes como mínimo:

1. ¿Qué hace su negocio por sus clientes?
2. ¿Qué hace su negocio por sus empleados?
3. ¿Qué hace su negocio por sus partes interesadas / propietarios?

Así que las buenas declaraciones de misión incluyen un cuarto elemento que es lo que la compañía hará por la comunidad. Estos son sin duda los factores más importantes de una declaración de misión, así que asegúrese de incluirlos en la suya.

¿Qué hace una Declaración de Misión Fuerte por un Negocio?

Es muy similar a una declaración personal de WHY en que proporciona claridad de propósito. Hay más en una declaración de misión que una declaración personal de POR QUÉ como negocio es más compleja. Una declaración de misión fuerte debe usarse para:

- Establecer los principales objetivos de negocio
- Determinar la cultura de la empresa
- Definir la ética del negocio
- Proporcionar orientación para la toma de decisiones

Desafortunadamente, la mayoría de las declaraciones de misión están mal escritas y te preguntas por qué los dueños de negocios se molestaron en escribir las suyas. Algunas de las empresas más grandes son culpables de esto, no son solo las empresas más pequeñas.

Si crea una declaración de misión vaga, esto no ayuda en absoluto a sus clientes o empleados. Usted no va a obtener compromiso si la gente no entiende lo que realmente significa su declaración de misión. Así que en este artículo le mostraremos cómo crear una declaración de misión clara que todas las partes puedan comprometerse.

¿Cuál es el propósito de su negocio?

El primer paso importante para escribir una declaración de misión sólida es definir claramente de qué se trata su negocio. Considere al cliente aquí y trazar el proceso de cómo se enteran de usted hasta la toma de la decisión de comprar sus productos y servicios.

Es necesario pensar en estos 3 aspectos principales:

1. ¿Por qué sus clientes quieren lo que usted tiene para ofrecer?
2. ¿Cómo encontrarán los clientes su negocio?
3. ¿Qué hay en él para sus clientes?

En su declaración de misión, debe informar a sus clientes por qué necesitan comprarle. Escriba una lista de lo que hace su negocio, así como las cosas que no hace para ayudar a crear una imagen clara.

¿Qué hace su empresa por sus empleados?

Si una empresa no cuida de sus empleados habrá una alta rotación que es cara. Así que utilice su declaración de misión para retener a sus empleados por más tiempo. Piensa en cómo motivas y capacitas a tus empleados. Aquí hay algunas ideas para esto:

- Usted proporciona la mejor capacitación
- Usted es justo con sus empleados
- Respetas las ideas que tienen tus empleados
- Empoderas a tus empleados

Todas estas cosas realmente importan a sus empleados. Tienes que decirles que los ves como tu bien más preciado y que quieres cuidar de ellos. Para evitar que su declaración de misión sea demasiado larga, puede crear una externa para sus clientes y una interna para sus empleados y partes interesadas.

Declaraciones de misión y propietarios

Usted necesita incluir lo que está en él para sus propietarios en su declaración de misión, así. Si usted no es el propietario del negocio, hable con los propietarios para averiguar lo que es importante para ellos. El valor de las acciones y el retorno de la inversión son casi con toda seguridad de interés.

Formas en que puede obtener Bitcoins

La única manera de obtener Bitcoins cuando se lanzó por primera vez fue usar la red peer to peer. Podías hacer esto de forma anónima y no necesitabas el permiso de nadie para adquirir Bitcoins. Con el crecimiento en la popularidad de Bitcoin ahora hay varias maneras de adquirirlos.

Intercambios de criptomonedas

Puede registrarse en un intercambio de criptomonedas como Coinbase.com y comprar Bitcoins utilizando su moneda nativa. Algunos países no permiten la compra de Bitcoins, por lo que debe verificar esto primero.

Cuando se registra en un intercambio de buena reputación como Coinbase.com deberá proporcionar una serie de datos personales. Esto ciertamente incluye su nombre y dirección y otra información financiera. Esto es para cumplir con las leyes de Conozca a su Cliente (KYC) que existen en muchos países.

Esto derrota una de las piedras angulares clave de Bitcoin que es el anonimato. La red se configuró para que pudiera realizar transacciones de Bitcoin sin que nadie supiera quién era o de dónde era.

Hay algunos intercambios de criptomonedas que le permiten usar monedas fiduciarias para comprar Bitcoins y hay otros en los que solo puede realizar compras con criptomonedas. Debe comprobar que un intercambio proporciona el servicio que necesita.

Un intercambio de criptomonedas cobra una tarifa de transacción por cada compra de Bitcoins. La buena noticia es que estas tarifas tienden a ser mucho más bajas que las que cobran las instituciones financieras tradicionales.

Cajero automático de Bitcoin

En los últimos años, los cajeros automáticos de Bitcoin han surgido en América del Norte y Europa Occidental. Ahora también se encuentran en otros países. Aquí puede usar fondos de su cuenta bancaria o una tarjeta de crédito para comprar Bitcoins.

La mayoría de los cajeros automáticos también le permitirán realizar transacciones. Así que si desea enviar Bitcoins a otra persona o recibirlos, entonces puede hacer esto. El aumento en el número de cajeros automáticos de Bitcoin demuestra la creciente popularidad de la moneda digital.

Trabajar para Bitcoins

A muchos freelancers en diferentes partes del mundo les gusta el pago en Bitcoins. A los empleadores también les gusta porque enviar Bitcoins es mucho más barato que establecer una transferencia bancaria a otro país. Se necesita mucho menos tiempo para recibir un pago de Bitcoin que un pago de transferencia bancaria.

Hay sitios web independientes donde puede recibir pagos en Bitcoin. Uno de los sitios web de freelancers más grandes, Fiverr.com, le pagará en Bitcoins si lo desea y también lo harán otros sitios grandes como Upwork.com, Freelancer.com, Guru.com y PeoplePerHour.com.

Tareas completas para Bitcoins

En estos días puedes unirte a sitios web que requieren que realices pequeñas tareas y recibas Bitcoins como recompensa. Algunas de estas tareas incluyen:

- Ver videos
- Realización de encuestas
- Compras en línea
- Registrarse en ofertas de prueba gratuitas
- Jugar juegos en línea

Estas tareas le llevará unos minutos para completar y usted recibirá fracciones de Bitcoins llamados Satoshi para hacer esto.

Vender productos y servicios para Bitcoins

Si usted es dueño de una tienda convencional de ladrillo y mortero o una tienda en línea, puede recibir Bitcoins como forma de pago. En una tienda física, todo lo que necesita hacer es imprimir el código QR para su billetera y luego los clientes pueden usar sus teléfonos inteligentes para escanear el código y pagarle usando Bitcoin.

Con una tienda en línea hay una serie de scripts y complementos disponibles que crean una pasarela de pago Bitcoin.

Cómo escribir una buena declaración WHY

Una vez que hayas descubierto tu verdadera vocación en la vida, quieres crear una declaración WHY a su alrededor. Tu declaración WHY debe ser convincente porque quieres usarla para motivarte todos los días a hacer las cosas correctas para lograr la plenitud en tu vida.

Hay una serie de formatos que puede usar para escribir su declaración WHY, pero al final del día depende de usted. Aquí no hay reglas duras y rápidas. Lo más importante es que su declaración WHY realmente resuena con usted y que es efectiva.

Cuatro elementos de una declaración ideal de WHY

Aunque no es necesario que se ajuste a las reglas establecidas, hay cuatro elementos para una buena instrucción WHY que le recomendamos encarecidamente que siga. Su declaración WHY debe ser muy clara y lo más concisa posible para usted y cualquier otra gente con la que elija compartirla. Por lo tanto, le recomendamos encarecidamente que incluya estos 4 elementos en su declaración WHY:

1. Haga que su declaración WHY sea clara y simple

Es muy importante que su declaración WHY le proporcione claridad sobre el propósito de su vida. Tiene que ser fácil de entender y tan conciso como puedas hacerlo. Al final del día tiene que tener sentido y resonar con usted.

2. Su declaración WHY necesita promover la acción

Su declaración WHY debe inspirar la acción. No tiene sentido simplemente escribir una declaración WHY y luego no hacer nada contigo. Necesita inspirarte a trabajar hacia tu verdadera vocación en la vida y motivarte a trabajar en esto todos los días.

3. Incluya su Contribución a otros en su declaración WHY

Si puedes ayudar a los demás, entonces te ayudarás a ti mismo. Cada buena declaración WHY necesita un elemento de contribución a ella, así que asegúrese de que la suya también lo haga. Tener un elemento de contribución te inspirará a seguir adelante cada día.

4. Haga que su declaración WHY sea positiva y asegúrese de que resuene con usted

En realidad, será bastante difícil para usted crear una declaración WHY que sea negativa, pero asegúrese de que sea realmente positiva. Cuando usted lee su declaración de por qué necesita resonar con usted y motivarlo a tomar medidas hacia el propósito de su vida.

¿Cuánto tiempo debe ser su declaración WHY?

Una vez más, no hay reglas estrictas a seguir aquí. Su declaración WHY debe ser tan larga como necesite. Dicho esto, le recomendamos que mantenga su declaración WHY lo más corta posible.

Lo más importante es que su declaración WHY contiene los 4 elementos importantes que discutimos anteriormente. Mientras que otros pueden ser capaces de escribir su declaración WHY en una frase, esto puede no ser suficiente para usted. Esto no importa en absoluto, así que por favor no te preocupes por esto.

Apunta a una declaración de why evergreen

Una declaración why de hoja perenne es una que no tendrá que cambiar muy a menudo, si es que lo hace. Desea utilizar su declaración WHY en todos los aspectos de su vida, tanto en su trabajo como en su vida personal.

Cuando esté escribiendo su declaración WHY, piense en ello como una forma de expresar el valor que proporciona a los demás en el trabajo y en su vida personal. No hay necesidad de que escriba dos declaraciones WHY para cubrir esto.

Cómo vivir según su declaración WHY

Después de haber invertido mucho tiempo y energía en encontrar su verdadero propósito en la vida y escribir su poderosa declaración why es esencial que usted vive de ella en el futuro. Necesitas tomar las decisiones correctas en la vida que apoyen completamente tu declaración WHY y evitar esas elecciones que te alejan de ella.

Si usted ha hecho una declaración de contribución para ayudar a los demás en su declaración por qué entonces no es una buena idea ir al bar todas las noches y emborracharse. Usted no va a ser capaz de ayudar a un montón de personas en esta condición eres tú?

Ok, este es un ejemplo bastante extremo, pero es real y si esto es algo que haces actualmente, entonces vas a tener que cambiar este comportamiento en este momento. De hecho, cualquier cosa que haga actualmente que no encaje con su declaración WHY tendrá que detenerse.

Hacer un balance de su estilo de vida actual

Muchas personas que encuentran su verdadera vocación y escriben declaraciones personales de WHY encuentran que su forma de vida actual está lejos de donde realmente quieren estar. Le recomendamos que examine todos sus hábitos actuales para ver si se alinean con su declaración WHY.

Si sus hábitos no están alineados, entonces eso está bien. Tendrá que comprometerse a realizar ajustes para que pueda alinearse con él. Date tiempo para hacer esto, ya que puede tomar más tiempo de lo que piensas para romper ciertos hábitos.

La persistencia ganará el día

Necesitará una buena cantidad de persistencia para cambiar su vida para alinearse con su declaración WHY si hay una brecha significativa. Al hacer pequeños cambios de forma regular, al final llegará allí.

Los mejores resultados vendrán a su manera cuando usted es persistente. Cada día haga una lista de las cosas que debe hacer para alinear su vida con su declaración WHY. Revise su progreso al final de cada día y planifique para el día siguiente. Al tomar acciones pequeñas y regulares, desarrollará su persistencia y obtendrá los resultados que desea.

Concéntrese en proporcionar valor a los demás

En su declaración WHY usted hizo una contribución para ayudar a los demás. Haga de esto su enfoque en el futuro. La mayoría de las personas tienden a centrarse en el dinero y siempre están buscando maneras de ganar más. Cuando cambias tu enfoque para ayudar a otros a mejorar sus vidas, entonces puedes hacerlo de tal manera que el dinero siga.

No te cuelgues en pequeñas cosas. Demasiadas personas se centran en las minucias de la vida y nunca logran nada. Su declaración WHY le proporcionará el "panorama general", así que úsalo para enfocarse en las cosas importantes que lo llevarán a donde desea estar.

Vivir según una declaración why no es fácil

La razón por la que tantas personas simplemente se desplazan a lo largo de la vida es porque es una opción fácil. No se necesita mucho esfuerzo para sentarse frente al televisor durante horas comiendo bocadillos. Cuando usted está comprometido con una declaración why entonces no habrá opciones fáciles para usted. Es todo o nada.

La responsabilidad le ayudará aquí. Comparte tu declaración WHY con personas que conoces. Trate de encontrar un amigo de la declaración por qué que le llevará a su misión en la vida y rápidamente señalar a usted si usted va fuera de la pista.

Explicación de los beneficios de Bitcoin para las empresas

Desde que Bitcoin se lanzó en 2009, más de 80,000 empresas lo han adoptado. La razón por la que a estas empresas y muchas más, les gusta tratar con Bitcoin es porque les ofrece algunos beneficios increíbles. En este artículo examinaremos todos los principales beneficios que la inclusión de Bitcoin como parte de un sistema de pago funciona tan bien.

El riesgo de fraude es mucho menor

Cuando una empresa permite a sus clientes utilizar Bitcoins para realizar pagos es una ventaja para el comprador porque no tienen que compartir ninguno de sus datos financieros confidenciales, como números de tarjetas de débito o crédito.

Con los métodos de pago convencionales, una empresa suele almacenar los datos financieros del cliente para futuras transacciones. Esto está bien si sus sistemas son seguros y no sufren de ninguna violación de datos donde los delincuentes cibernéticos pueden robar su información.

El comercio de Bitcoins es realmente una forma de efectivo digital y los hackers no pueden interceptar una transacción de Bitcoin. También esto protege su identidad y en el caso de una violación de datos sus datos financieros no están en riesgo.

No hay inflación o deflación con Bitcoin

Con la moneda tradicional, el gobierno de un país puede manipular la oferta monetaria al aumentarla o disminuirla. No hay gobiernos involucrados con Bitcoin y, por lo tanto, no sufre de inflación o deflación.

Hay un número finito de tokens Bitcoin, por lo que no es posible crear más de ellos. Cuando no hay posibilidad de inflación, un inversor puede elegir Bitcoin como una inversión más estable que la moneda fiduciaria.

Las tarifas de transacción son más bajas

Las tarifas de transacción asociadas con los pagos con tarjeta de crédito y las transferencias bancarias son bastante altas de los bancos y otras instituciones financieras. En comparación, las tarifas de transacción de Bitcoin son muy bajas.

La mayoría de las empresas aceptan tarjetas de crédito y terminan pasando el costo de las transacciones a sus clientes. Con las bajas tarifas asociadas con los pagos de Bitcoin, pueden reducir los precios de venta de sus productos y servicios.

Los pagos pueden ser más rápidos

Aunque los pagos con tarjeta de crédito suelen ser bastante rápidos, puede haber problemas en los que una empresa no recibirá su dinero durante varios días, especialmente si los clientes inician contracargos.

Una vez que una transacción de Bitcoin pasa, entonces es irreversible. Normalmente se necesita menos tiempo para recibir un pago bitcoin que lo hace un pago con tarjeta de crédito. Es común recibir un pago de Bitcoin en alrededor de 2 días hábiles.

Bitcoins son más seguros

No hay terceros involucrados en Bitcoin. Ningún gobierno puede apoderarse de sus Bitcoins o congelar su cuenta. Es muy difícil robar Bitcoins también si los aseguras de la manera correcta.

Pagos internacionales más rápidos y menos costosos

En estos días, muchas empresas buscan subcontratar tareas específicas para su negocio a freelancers que se encuentran en diferentes países. Esto está bien, pero por lo general hay altas tarifas de transacción asociadas con la realización de pagos internacionales.

También los freelancers tienen que esperar varios días para recibir su dinero. Las transferencias bancarias internacionales son notoriamente lentas. Puede realizar un pago en Bitcoins en cualquier parte del mundo por un cargo por transacción muy pequeño. El destinatario también recibe los Bitcoins mucho más rápido que una transferencia bancaria internacional.

La mejor manera de encontrar su POR QUÉ

Hay un pequeño porcentaje de la población que pasa mucho tiempo tratando de identificar su verdadero propósito en la vida. Esto es agonizante para ellos y algunos encontrarán su verdadero POR QUÉ y otros no.

La realidad es que a algunas personas simplemente no les importa su POR QUÉ. Son felices de que la vida los controle y se desvíe día a día. Pero necesitas encontrar tu POR QUÉ porque es muy importante. Una vez que conozcas tu verdadera razón de ser, entonces puedes perseguir esto con pasión y vigor para lograr la plenitud completa.

Maneras usted puede encontrar su por qué

La mayoría de la gente trata de encontrar su POR QUÉ usando ensayo y error. Saltan en cada oportunidad que pueden para ver si conduce a la Tierra Prometida. Esto puede funcionar en un número muy pequeño de casos, pero fallará la mayor parte del tiempo.

Otra cosa que puedes hacer para tratar de encontrar tu POR QUÉ es seguir a los demás. Tal vez tienes un amigo o alguien más que estás cerca de que crees que es mucho más feliz de lo que eres y quiere hacer las cosas que hacen.

Así que decides establecer las mismas metas que ellos con la esperanza de que encuentres la misma satisfacción. El problema es que no vas a estar tan comprometido con estos objetivos como lo está tu amigo. Cuando tu corazón no está realmente en algo, entonces no hay muchas posibilidades de que logres tus metas.

Tal vez hayas visto algo en la televisión o en Internet. Ves que la gente está muy contenta con esto, así que decides perseguirlo también. Pero debe tener en cuenta que la mayor parte de esto es marketing y que a las personas que se ven felices en los anuncios se les paga por hacer esto. Por favor, no creas todo lo que ves en la televisión o en Internet.

Finalmente puedes decidir encontrar realmente tu verdadero propósito en la vida. No va a ser el camino más fácil de tomar, pero sabes que es el correcto. Tratar de seguir las pasiones de los demás rara vez es lo mejor que se puede hacer. Necesitas saber cuáles son tus verdaderas pasiones y luego hacer todo lo posible para seguirlas.

Todos somos diferentes y todos tenemos pasiones diferentes. Solo cuando identifiques lo que realmente son los tuyos encontrarás satisfacción. Así que no pierda su tiempo con ensayo y error o siguiendo a otra persona porque no va a funcionar.

Hágase preguntas para encontrar su POR QUÉ

Si quieres encontrar tu verdadero propósito en la vida, entonces necesitas tomarte el tiempo y hacerte algunas preguntas de búsqueda del alma. Esto no va a ser una tarea fácil y le llevará tiempo hacerlo. Pero las recompensas ciertamente valen la pena porque descubrir tu POR QUÉ es una de las mejores cosas que puedes hacer en la vida.

Así que encuéntrese en un lugar tranquilo donde pueda pasar un tiempo de calidad preguntando y respondiendo a las preguntas correctas para encontrar su POR QUÉ. No quieres distracciones mientras estás haciendo esto. Traiga su diario con usted o un bolígrafo y papel, ya que tendrá que escribir sus respuestas. Estas son las preguntas que debes hacerte:

- ¿Cómo puedo mejorar la vida de los demás?
- ¿Cuáles son las cosas que hago cuando el tiempo parece pasar rápidamente?
- ¿Qué es lo que realmente disfruté haciendo cuando era niño?
- Cuando la gente me pide ayuda, ¿qué ayuda quieren?
- ¿Qué haría si no tuviera que preocuparme por el dinero?

Utilice sus respuestas a estas preguntas para determinar su POR QUÉ y crear una declaración WHY.

Los 3 pilares de la cadena de bloques de Bitcoin

La tecnología blockchain es compatible con la red Bitcoin. Es extremadamente seguro y ahora muchas organizaciones de todo el mundo lo están analizando seriamente no solo para las transacciones financieras, sino también para sus procesos de la cadena de suministro. En este artículo discutiremos los 3 pilares de la tecnología blockchain detrás de Bitcoin.

El pilar de la descentralización

Antes de la invención de blockchain, la mayoría de las transacciones a través de Internet involucraban un servidor central. Este servidor almacenaba todos los datos esenciales que soportaban el servicio que proporcionaba. Un buen ejemplo de ello es el sistema bancario. Su banco almacena su dinero y cuando necesita pagar a alguien que tiene que usarlos y que le cobran por esto.

La tecnología de servidor cliente está en todas partes en línea. Cuando utiliza un motor de búsqueda para encontrar algo, su consulta termina en un servidor central que envía la información que solicitó. El problema con el servidor cliente es que hay una serie de vulnerabilidades:

1. El más grande y más obvio de ellos es que todo se almacena en un solo lugar. Esto hace que un servidor central sea un objetivo real para los hackers.
2. Si hay algún problema operativo con un servidor central, todo el sistema se detiene.
3. Los datos mantenidos en un servidor central pueden verse comprometidos, lo que cierra toda la operación.

La solución a estas vulnerabilidades centralizadas es la descentralización. Con una red descentralizada todos los ordenadores tienen la misma información almacenada. Si desea interactuar con otra persona en una red descentralizada, puede hacerlo sin intervención de terceros. Puede enviar y recibir Bitcoins sin el uso de un banco y un servidor centralizado.

El pilar de transparencia

Mucha gente no entiende completamente el concepto de transparencia cuando se trata de la tecnología blockchain. ¿No se supone que la red Bitcoin es privada? Sí, lo es, pero también es público para fines de verificación.

Debe comprender el concepto de claves públicas y privadas aquí. Una clave pública se utiliza en la cadena de bloques para mostrar que ha realizado una transacción. Su clave privada nunca se comparte. Está vinculado a su clave pública para que la transacción sea válida.

Con la cadena de bloques de Bitcoin puede ver las claves públicas asociadas con todas las transacciones. Ningún otro sistema financiero ha tenido nunca este tipo de transparencia. Hay un nivel muy necesario de responsabilidad con blockchain que las instituciones financieras ciertamente quieren.

Cuando tiene una dirección pública de blockchain, puede ver todas las transacciones realizadas con esa clave. Muchas instituciones financieras están mirando blockchain debido a esto, pero algunos están preocupados de que va a forzar su mano para revelar todas sus transacciones!

El pilar de la inmutabilidad

La tecnología blockchain crea registros inmutables. Esto significa que después de verificar una transacción no puede cambiarla. Una vez que su transacción se agrega a la cadena de bloques, no hay vuelta atrás. No se puede invertir la transacción.

La inmutabilidad en blockchain proviene de la funcionalidad hash criptográfica. El sistema blockchain toma cadenas de entrada de cualquier longitud y las convierte en una cadena de salida de una longitud fija. La cadena de bloques de Bitcoin utiliza el algoritmo SHA 256 altamente seguro.

Blockchain es básicamente una lista vinculada de transacciones. Cada bloque tiene un puntero hash que lo conecta con el bloque anterior. Si un hacker intenta cambiar los detalles de un bloque, afectará a toda la cadena de bloques, lo que es imposible de hacer.

Las tres personas diferentes en la vida y por qué necesitas elegir el camino del POR QUÉ
Todos los seres humanos hacen las cosas que hacen por una razón. También evitan hacer ciertas cosas por una razón también. Las razones detrás de algunas de las cosas que hacemos son obvias. Comemos porque tenemos hambre y queremos sobrevivir. Nos bañamos porque no queremos estar sucios y oler mal.

Pero hay otras cosas que elegimos hacer, o evitar hacer, que tienen razones más complejas detrás de ellas. Si conoces a alguien que trabaja en un trabajo que realmente odian, ¿alguna vez te has preguntado por qué hacen esto? La respuesta obvia que la mayoría de la gente se le ocurre es "necesitan el dinero" o "están desesperados".

Pero hay otras razones que pueden entrar en juego aquí. Algunas personas simplemente no quieren la responsabilidad adicional que proviene de trabajar en un trabajo mejor pagado. Otros evitan solicitar mejores empleos porque no tienen la confianza y la creencia en sí mismos de que pueden hacer el trabajo.

Cuando nos fijamos en la población en general, creemos que hay tres tipos diferentes de personas en este mundo. En este artículo vamos a examinar estos y explicar por qué es su interés para elegir la ruta de por qué. Lo entenderán más a medida que avancemos.

1. La gente de drifter

Esto representa la gran mayoría de la población. Pueden tener trabajos sin salida o pueden tener trabajos razonablemente buenos, pero no tienen idea de lo que realmente quieren de la vida o en qué dirección se dirigen. Estas personas se desplazan a lo largo de la vida y "van con el flujo". No les gusta el cambio y por lo general están felices de ser un vagabundo.

Si detuvieras a una de estas personas en la calle y les preguntaras qué es lo que realmente querían en su vida, entonces no podrían decirte. Pueden llegar a algunas cosas materiales como una bonita casa y un coche, pero no tienen ningún plan real.

Pregúnteles dónde quieren estar en los próximos 5 años y obtendrá una mirada en blanco. La mayoría de ellos no saben dónde estarán en los próximos 5 días. Estas personas nunca se establecen ninguna metas para sí mismos con la excepción de establecer resoluciones de Año Nuevo para perder peso y otras cosas que nunca siguen a través de.

2. Personas que se encuentran atascadas

Se trata de un porcentaje mucho menor de la población que no está contenta con su situación actual y quiere cambiarla. Quieren identificar y seguir su verdadero propósito en la vida, pero están atrapados tratando de encontrarlo.

Como resultado de estar atascados, entonces tienden a salir en todas las direcciones diferentes en busca de esa cosa que los hará cumplir. Esto es mejor que ser un vagabundo, pero muy frustrante, ya que dependes en gran medida de la suerte para encontrar un verdadero significado en tu vida.

3. Personas que conocen su verdadero propósito en la vida

Este es un porcentaje aún menor de personas que han identificado su verdadera vocación en la vida. Los saben exactamente cuál es su POR QUÉ y se ven impulsados a lograrlo. Tienen metas y planes y trabajan en ellos sin descanso todos los días.

Le recomendamos que elija la ruta de acceso WHY. Cuando descubres tu verdadero POR QUÉ en la vida puedes establecer las metas correctas y alcanzar la plenitud total. No dejes que la vida dicte tu futuro – toma el control ahora mismo e identifica tu verdadero propósito en la vida e ir tras él.

¿Por qué bitcoin es tan popular?

Cuando Bitcoin se lanzó en 2009, la promesa era que permitiría transacciones financieras en una red de igual a igual sin la necesidad de instituciones financieras o control gubernamental. Muchas personas que lo sabían en ese momento estaban muy entusiasmadas con las posibilidades, mientras que otras eran algo escépticas.

La moneda digital era en realidad una consideración secundaria. Fue la tecnología blockchain la que tanto entusiasmó a los creadores y a aquellos que formaban parte de la comunidad peer to peer. Pero la moneda Bitcoin ha resultado ser mucho mejor de lo que se esperaba. Hay varias razones para su crecimiento significativo en popularidad.

Las transacciones son privadas

El concepto con Bitcoin es que era totalmente anónimo. Cualquiera podía hacer una transacción de cualquier lugar a cualquier parte del mundo y nadie sabría quién estaba involucrado. En estos días, para usar los intercambios de Bitcoin para realizar transacciones, debe proporcionar algunos datos personales, pero sigue siendo mucho más anónimo que otras transacciones financieras.

Un buen ejemplo de esto es cuando se usa Bitcoin para hacer compras de proveedores tanto en tiendas en línea como en tiendas físicas. Puede completar la transacción sin tener que proporcionar ninguna de sus informaciones personales al proveedor.

Más empresas están aceptando Bitcoin

El crecimiento de Bitcoin ha llevado a que cada vez más empresas lo adopten. Lo aceptarán como una forma de pago y también lo utilizarán para realizar pagos para subcontratar trabajadores en diferentes países.

Con grandes marcas como eBay, Intuit y DISH Network que adoptan Bitcoin, más personas se están interesando en la moneda digital. Muchas personas han decidido invertir en Bitcoin debido a esto.

La seguridad de Bitcoin

En los últimos años ha habido algunas violaciones de datos graves que suceden a empresas bien conocidas, como target. Los delincuentes cibernéticos que cometieron estas infracciones robaron información personal sobre los clientes de estas empresas. Luego venden esta información en el mercado negro.

Con Bitcoin y la tecnología blockchain subyacente puede realizar transacciones financieras sin la necesidad de proporcionar información financiera confidencial. El libro mayor descentralizado en Bitcoin es extremadamente seguro y prácticamente imposible de hackear. No hay exposición de las billeteras Bitcoin al hacer transacciones financieras.

Las transacciones son más baratas

Enviar dinero a otra persona usando su banco a menudo le costará bastante en tarifas de transacción. Estos aumentan considerablemente si necesita enviar dinero a alguien en otro país.

Los pagos internacionales también toman tiempo y no es raro tener que esperar unos días para que una transacción se liquide. Hay tarifas muy pequeñas involucradas con las transacciones de Bitcoin y es mucho más rápido hacer una transacción a otro país.

Puedes ocultar con Bitcoin

Esto no es algo bueno, pero es otra razón para la popularidad de Bitcoin. Algunas personas lo utilizan para hacer transacciones ilegales en la Dark Web. No estamos condonando esto de ninguna manera, pero no es de extrañar que Bitcoin sea popular debido a esto.

Bitcoin es razonablemente estable

Si bien hay un grado de volatilidad con Bitcoin, en realidad es más estable que algunas monedas fiduciarias. Hay una cantidad limitada de Bitcoins, por lo que no puede crear más para causar problemas inflacionarios.

Una declaración why para un negocio se conoce como una "declaración de misión". Es similar a una declaración personal why en un número de maneras. Tener una buena declaración de misión es importante, pero la mayoría de los propietarios de negocios no se molestan en crear una. O escriben uno para un plan de negocios y luego nunca lo vuelven a mirar.

Escribir una buena declaración de misión es esencial. Si se hace a toda prisa y no encapsula todas las cosas importantes de su negocio, entonces es una completa pérdida de tiempo. En este artículo explicaremos por qué es tan importante crear una declaración de misión fuerte y tomar el tiempo y el esfuerzo para hacerlo.

Proporciona dirección

Una buena declaración de misión siempre indicará claramente la dirección de una empresa. Incluirá el objetivo principal del negocio y esto es importante que los clientes, empleados, proveedores y partes interesadas lo sepan.

A medida que su negocio lanza nuevos productos y servicios, sus clientes y empleados entenderán por qué lo ha hecho si tiene una declaración de misión sólida. Verán cómo se alinean con la dirección en la que se dirige la empresa y estarán más comprometidos con ellos.

Proporcionará unificación de empleados

En cualquier empresa que tiene un número de departamentos diferentes a menudo hay una desconexión entre ellos. En estos días muchas empresas subcontratan el trabajo a freelancers calificados y empresas externas y esto empeora el problema.

Por ejemplo, si la empresa está planeando lanzar un nuevo producto, entonces es muy probable que la mayoría de los departamentos y una serie de subcontratistas y empresas externas estén involucrados. Si no existe una declaración de misión fuerte, entonces hay una probabilidad mucho mayor de que el objetivo general del proyecto se pierda en diferentes personas.

Cuando tienes una declaración de misión fuerte y explícita y compartes esto con todas las partes, hace que sea mucho más fácil para todos los que trabajan en el proyecto de lanzamiento del producto ver cómo encajan y qué tan importante es su papel.

Una declaración de misión ayuda a mantener el enfoque

Cuando una empresa crece y expande su alcance, a menudo ocurre que tanto los jefes como los trabajadores perderán su enfoque. Si su negocio tiene una fuerte declaración de misión, entonces esto se puede evitar.

La pérdida de enfoque realmente puede dañar la reputación de un negocio. Su marca puede sufrir y también su imagen en general. Con una declaración de misión fuerte y explícita en su lugar, proporcionará orientación a todos durante los períodos de crecimiento. La declaración de la misión recordará a todos el objetivo principal y ayudará a mantener su reputación intacta.

Crear responsabilidad con una declaración de misión

Cualquier negocio existirá para cumplir con un propósito o necesidad específica y esto debe indicarse claramente en su declaración de misión. Una empresa debe ser responsable para poder seguir mejorando y servir mejor a sus clientes. Si el propósito general del negocio no está claro, entonces va a ser difícil, si no imposible, hacer estas mejoras.

Debe dejar claro en su declaración de misión lo que su negocio quiere lograr. Esto ayudará a responsabilizar tanto a los propietarios de negocios como a los empleados y garantizar que todos se esfuerten por lograr el mismo objetivo.

Obtener los mejores resultados de su declaración WHY

No es tarea fácil identificar su verdadero propósito en la vida y escribir una declaración convincente de WHY que lo impulsará hacia adelante. En realidad, esto va a llevar mucho tiempo y esfuerzo hacerlo bien. Así que cuando usted hace este tipo de inversión en su declaración why usted quiere asegurarse de que usted obtiene el máximo provecho de ella después.

En este artículo explicaremos cómo puede hacerlo. Tan pronto como tenga su declaración why escrito usted puede comenzar a hacer estas cosas que ayudarán a transformar su vida para mejor. No se limita a escribir su declaración why y luego no tomar ninguna acción y seguir adelante con ella. Si no toma medidas, entonces no tiene sentido escribir su declaración WHY.

Utilice su declaración WHY para establecer metas inspiradoras

Sólo un pequeño porcentaje de la población realmente estableció metas. Algunas de estas personas eligen hacer esto en Año Nuevo cuando están en una neblina borracha. No recomendamos esto, ya que rara vez funciona bien. Otros se darán metas con la cabeza clara pero terminan yendo por metas con las que no están totalmente comprometidos y luego no las logran alcanzar.

Tal vez se esté preguntando por qué alguien se fijaría metas con las que no está realmente comprometido. Bueno, pasa mucho y a veces esto puede ser que otras personas nos influyan para hacer algo que parece una buena idea en ese momento.

Por ejemplo, es posible que tenga un amigo cercano que haya decidido que quiere escalar el Monte Everest. Te presionan para que hagas esto con ellos. Estás de acuerdo porque valoras su amistad pero realmente no tienes ningún deseo de empezar a hacer montañismo.

Vas a clases con tu amigo y pronto pierdes el interés. Tu corazón no está en él como el de él. Entonces, ¿qué haces? Bueno, es posible que tenga que idear alguna excusa creíble por la que no puede perseguir este objetivo con ellos. Tal vez mentir sobre un problema físico que usted tiene que e impide escalar montañas?

Este tipo de cosas se pueden evitar por completo cuando se tiene una declaración de por qué clara y convincente. Tendrás claridad sobre hacia dónde quieres ir con tu vida y no habrá necesidad de que seas influenciado por los demás.

Será mucho más fácil para usted identificar y establecer sus metas cuando tenga una poderosa declaración WHY. También estarás totalmente comprometido con el logro de los objetivos porque están en línea con tu verdadero propósito en la vida. No hay nada mejor que eso.

Deje que su declaración WHY guíe su toma de decisiones

Sin saber realmente cuál es tu propósito en la vida, será muy fácil para ti tomar las decisiones de vida equivocadas. Usted será vulnerable a cualquier tentación que se le venga en su camino y a subirse a la ola de la "próxima gran cosa".

La mayoría de las decisiones en las que debe pensar tienen consecuencias. Las personas que se desplazan sin rumbo en la vida rara vez consideran estas consecuencias y, como resultado, terminan viviendo una vida que no quieren.

Cuando tengas una poderosa declaración WHY como guía, tomarás decisiones mucho mejores en tu vida. No importa cuán grandes o pequeñas sean las decisiones, puede usar su declaración WHY para guiarlo por el camino correcto.

14.   Sobre el autor

C.X. Cruz nació en Puerto Rico y ha vivido en el área de la ciudad de Nueva York desde que tenía 14 años. Tiene títulos de posgrado de la Universidad Estatal de Nueva York y la Universidad de Honolulu en Ciencias de la Computación. Ha trabajado para bancos de inversión europeos como UBS, y para bancos estadounidenses como Goldman Sachs. Sus aficiones incluyen la silvicultura y el remo.

Cuando era un estudiante de posgrado muy joven, Cruz pensó en publicar libros. Hace 30 años era extremadamente difícil publicar un libro utilizando los métodos tradicionales. Renunció a este sueño editorial en ese entonces. Afortunadamente, hay numerosas maneras de convertirse en un auto-editor hoy en día. Internet ha democratizado muchos negocios como la edición de libros. Cruz puede traerte un gran contenido y un gran precio. Nunca dejes de leer y aprender. ¡Cruz sabe que disfrutarás leyendo sus libros!

15.   legal

El material de este libro se obtuvo de InDigitalWorks.com con derecho de participación.

Sin responsabilidad

Bajo ninguna circunstancia el creador del producto, programador o cualquiera de los distribuidores de este producto, o cualquier distribuidor, será responsable ante cualquier parte por cualquier daño directo, indirecto, punitivo, especial, incidental u otro daño consecuente que surja directa o indirectamente del uso de este producto. Este producto se proporciona "tal cual" y sin garantías.

El uso de este producto indica su aceptación de la política de "No responsabilidad". Si no está de acuerdo con nuestra política de "No responsabilidad", entonces no se le permite usar o distribuir este producto (si corresponde). La falta de lectura de este aviso en su totalidad no anula su aceptación de esta política en caso de que decida utilizar este producto.

La ley aplicable puede no permitir la limitación o exclusión de responsabilidad o daños incidentales o consecuentes, por lo que la limitación o exclusión anterior puede no aplicarse a usted.   La responsabilidad por daños y perjuicios, independientemente de la forma de la acción, no excederá la tarifa real pagada por el producto.

InDigitalWorks.com

derechos de autor